트렌디한 PPT 마스터

더피처피티의

파워포인트
실무 스킬북

더 **쉽고** 더 **빠르고** 더 **효과적으로!**
완벽 실무자료 작성부터 카드뉴스, 유튜브 썸네일 만들기까지!

파워포인트
실무 스킬북

1판 1쇄 인쇄 2020년 6월 15일
1판 1쇄 발행 2020년 6월 19일

지은이 이광희(더피처피티)
펴낸이 송준화
펴낸곳 아틀라스북스
등　록 2014년 8월 26일 제399-2017-000017호

기획편집총괄 송준화
마케팅총괄 박진규
디자인 최은숙

주소 (12084) 경기도 남양주시 청학로 78 812호(스파빌)
전화 070-8825-6068
팩스 0303-3441-6068
이메일 atlasbooks@naver.com

ISBN 979-11-88194-19-3 (13000)
값 17,000원

이 도서의 국립중앙도서관 출판시도서목록(CIP)은 서지정보유통지원시스템
홈페이지(http://seoji.nl.go.kr)와 국가자료공동목록시스템(http://www.nl.
go.kr/kolisnet)에서 이용하실 수 있습니다.(CIP제어번호 : CIP 2020022070)

파워포인트 모든 버전 사용 가능

더 쉽고 더 빠르고 더 효과적으로!

완벽 실무자료 작성부터 카드뉴스, 유튜브 썸네일 만들기까지!

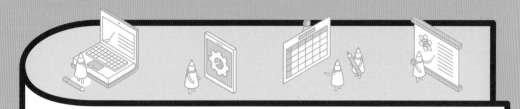

트렌디한
PPT
마스터

더피처피티의

파워포인트
실무 스킬북

이광희(더피처피티) 지음

아틀라스
북스

파워포인트는,
예쁘고 아름다우면 안 됩니다.
빠르고 효율적이어야 합니다!

파워포인트, 힘드시죠?

지금 위 제목에 반응했다면, 매일 같이 파워포인트 작업을 하면서 고통받는 독자일 거에요. 왜냐면 저도 그랬거든요…. 국내에 처음 도입된 파워포인트 버전이 97이니 벌써 20년이 넘은 장수 프로그램인데 지금까지는 너무 비효율적인 프로그램 같았어요. 매번 쓰는 기능, 정형화된 회사 양식, 단순 반복적이고 비효율적인 루틴한 업무수행으로 인해 귀찮고 번거로운 파워포인트 작업을 많이 했더랬죠. 가끔 시각적 작업을 할 때면 새로운 기능이나 디자인을 찾아헤매기만 했지 정작 결과물은 마음에 들지 않아 다시 기존의 자료형태로 되돌아가곤 했잖아요. 누가 '핵심 포인트'만 '트렌디한 내용'으로 '딱 필요한 기능'을 알려주면 좋겠는데, 바쁘디바쁜 선배에게 묻기도 그렇고, 주변에 이렇다 할 파워포인트 능력자도 보이지 않으니 회사경력은 쌓여가는데 파워포인트 실력은 그대로이고 속도도 나아지지 않으니 힘들기만 합니다.

제가 도와드릴게요!

고등학생일 적 파워포인트97을 만졌던 기억이 납니다. 제대로 사용하지는 않았지만 처음 손을 대본 버전이었죠. 딱 20년 전이네요. 그 후로 군대에서 행정병을 지내고, 문서편집 실력을 갖춘 대학생 시기를 거쳐 회사 인사총무팀에서 경력을 쌓다보니 남다른 OA 활용능력을 갖게 되었어요. 그러다 회사에서 실무 OA 활용을 하던 어느 순간 인포그래픽과 파워포인트에 미쳐버려 지금은 파워포인트 전문 디자이너이자 컨설턴트 강사로 활동하고 있습니다. 여기에 실무형 엑셀과 비효율을 줄이는 스마트워크 강의도 하는 문서편집 전문가이자 실무형 강사로도 활동하고 있지요. 저만의 '더피처피티'라는 브랜드로요!

아니, 그게 힘이 될 줄이야!

고등학생 때는 그냥 문서편집이 마냥 재밌었던지 혼자 이것 저것 공부를 했었어요 그 덕분인지 전산병으로 입대한 군대에서 행정병으로 팔려가버려서(?) 2년 2개월을 군 행정병으로 보냈습니다. 더 잘하고 싶고 더 빠르고 더 효율적으로 행정업무를 하고 싶어서 누가 시키지도 않았는데 군부대 도서관과 군 인트라넷을 통해 OA 정보들을 혼자 공부했었지요. 그래서인지 엘리트 행정병으로 인정받고 OA 대회에서도 1등을 했습니다.

이런 경험 덕분에 회사생활을 할 때는 정말 많은 문서작업을 했습니다. 인사총무팀의 특성상 아래아한글, 워드, 파워포인트, 엑셀 등 다양한 프로그램으로 문서를 다뤄야 했고, 주말에는 제 나름대로 IT 서적을 섭렵해가며 업무자동화를 꾀하고 업무속도를 높이는 데 집중했습니다. 어떻게 하면 비효율적이고 반복적인 업무를 더 쉽고 빠르고 효율적으로 개선할지를 고민하고 실행해나간 것이지요. 그래서 저는 실무자들이 어디가 간지러운지, 어떤 부분을 어려워하는지, 어떻게 하면 더 효율적으로 일할 수 있는지를 너무나 잘 알게 되었습니다. 실무형 강사로 성장할 수 있었던 것도 바로 이 때문이었지요.

그래서 이 책은 다릅니다.

행정병으로 일했던 17년 전부터 지금까지 제가 쌓아온 노하우를 이 책에 최대한 담으려고 노력했습니다. 예쁘고 아름다운 결과물을 오랜 시간 비효율적으로 작성하는 방식이 아니라, 실무 포인트에 딱 맞는, 실무에 꼭 쓰이기 때문에 놓쳐서는 안 되는 기능들, 단순 반복작업을 하지 않게 해주는 기능들, SNS나 다른 책에는 없는 숨겨진 기능들을 안내하기 위해 노력했습니다.

뿐만 아니라 여러분이 낯설어하는 '디자인'에 대해서도 디자인을 비전공한 파워포인트 디자이너인 제가 여러분의 눈높이에 맞춰 가장 쉽고 트렌디하게 설명했습니다. 여기에 스마트워크 강사로서의 얼리어댑터 성향을 살려 최신 기능을 바로 활용할 수 있도록 했습니다. 오랜 실무를 경험한 제가, 파워포인트 디자이너로 활동하고 있는 제가, 많은 기업과 기관, 대학 등에 출강하는 전문강사인 제가 여러분께 추천하는 책입니다.

'새로운' 파워포인트를 만나보세요!

여러분의 파워포인트는 안녕하신가요? 특별히 배우지 않았거나 자격증을 따기 위해 기능을 습득한 독자들이라면 매번 사진 옆에 텍스트를 배치하는 워드프로세서 형태나 과거 트렌드 형태의 자료를 만들고 있을 거예요. 이제는 모든 것이 쉽고 효율적으로 변하는 새로운 파워포인트를 만나보세요. 그동안 몰랐던 숨겨진 꿀팁들을 발견하고, 최신 정보 표현 트렌드도 이해하고, 디자인도 어렵지 않게 뚝딱 완성할 수 있습니다. 단순히 워드프로세서보다 사진 활용이 편리해서 활용했던 파워포인트가 포토샵이나 일러스트레이터 없이도 강력한 시각화 작업을 할 수 있는 시각적 툴로 새롭게 태어납니다. 이제 어렵게만 느꼈던 정보의 시각화가 쉬워지는 경험을 하게 될 거예요.

무엇보다! 실무를 하고 있다면 이 포인트가 가장 중요합니다! 기능 하나를 잘 활용해서, 더 빠르고 효율적으로 작업하고 퇴근을 빨리 하는 것! 예쁘고 아름다운 자료가 아닌, '정보전달력'이 높은 시각적 자료를 빠르고 효율적으로 만들어서 보고와 퇴근이 빨라지는 새로운 파워포인트의 세상을 경험해보세요!

감사합니다.

무명이었던 저를 서울로 이끌어준 고경민 땡큐, 무명의 강사를 성장시켜주신 최세헌 대표님 땡큐, 훨씬 어리지만 항상 존경하는, 진짜 이 자리에 제가 있기까지 서포트해주신 갓준호 땡큐!! 무럭무럭 성장시켜주신 한국직업개발원 백성욱 대표님, 백미소 이사님 감사합니다. 아울러 한국직업개발원 담당자 모두 감사드립니다. 온라인으로 성장을 도와주신 텐덤 유원일 대표님, 텐덤, 베어유 담당자 여러분께도 감사드립니다. 무명 강사였던 저를 기업과 학교에 첫 출강시켜주신 정영훈 팀장님, 정주은 선생님 감사드립니다. 그리고 제 블로그를 보고 선뜻, 책 집필 제안을 주신 아틀라스북스 이윤석 대표님, 3년 동안 꾸준히 연락주고 기다려주고 항상 배려해주신 송준화 편집장님, 박진규 본부장님께도 진심으로 감사드립니다.

그리고 제 옆에서 항상 온힘이 되어 주는 사랑하는 와이프님께서, 본인에게 이 책을 바치라고 하셨습니다. 네, 여있어요! 사랑합니다, 김지현. 건강하게 사랑스럽게 자라렴, 우리 딸 이라온!

더 쉽고 더 재밌게 알려드리고 싶은 **더피처피티 이광희**

- 파워포인트 각 기능별로 사용 가능한 버전을 표시했습니다.
- 설명하는 내용과 연결되는 본문내용을 쉽게 찾아볼 수 있도록 관련 쪽수를 표기했습니다.
- 단순 반복작업을 최소화하고, 빠르고 효율적으로 실무자료를 만드는 방법을 소개하는 데 초점을 맞췄습니다.

PART 1 | 기본기 다지기

- 파워포인트 버전별로 달라진 기능들을 안내합니다.
- 잘 쓰이지도 않는 복잡한 기능이 아닌, 실무에 꼭 쓰이는 핵심 기능만 쏙쏙 뽑아 소개합니다.
- 구 버전에서 최신 기능을 응용하는 방법을 소개합니다.
- 최신 디자인 트렌드에 맞는 문서를 빠르고 쉽게 작성하는 방법을 소개합니다.
- 문서작성에 유용한 유·무료자료를 얻는 방법을 소개합니다.

PART 2 | 이럴땐, 이렇게
실전 자료 마스터링 & 컨설팅

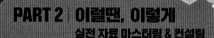

- 기획부터 테마색·폰트 선정까지, 심플·깔끔하고 최신 트렌드에 맞는 실무자료를 작성하는 노하우를 소개합니다.
- 벡터소스 등을 활용한 정보의 시각화(인포그래픽)를 통해 정보전달력을 높이는 방법을 소개합니다.
- 보고서, 리포트 작성은 물론 각종 행사자료 등 실무에 필요한 다양한 자료를 쉽고 편하게 만들고 응용하는 방법을 안내합니다.
- SNS시대에 맞는 동영상 자료, 카드뉴스, 유튜브 썸네일 등의 자료를 만드는 방법을 소개합니다.

※ 이 책의 공식 사이트 http://bit.ly/파워포인트실무스킬북에서 책에 담긴 **예제의 완성파일과 사진**을 다운로드받을 수 있으며, 책에서 소개한 **추천사이트 링크** 목록도 게시해놓았습니다.

차 례

글을 시작하며 _ 4
이 책은요… _ 7

 기본기 다지기

차 례

Tip

차 례

② 이럴땐, 이렇게 – 실전 자료 마스터링 & 컨설팅

부록 파워포인트 추천사이트 소개

PART

1

기본기
다지기

MS365 vs 일반 버전의 차이

파워포인트를 사람 나이로 계산하면 30살이 넘은 프로그램입니다. 1.0 버전으로 시작되어 윈도우 95가 나왔을 때부터는 해당년도의 버전 명칭이 붙기 시작했습니다. 우리나라에서 PC의 발전 및 컴퓨터자격증 열풍과 맞물려 많이 쓰이기 시작한 버전은 2003입니다. 이후 2007, 2010, 2013, 2016, 2019, MICROSOFT365(이후 MS365, (구)오피스365) 버전까지 지속적인 업데이트를 통해 다양한 기능들이 업그레이드되고 있지요. 지금의 MS365와 기존 버전과의 차이점은 아래 표와 같습니다.

MS365(구 오피스365) (Personal 기준)	구분	파워포인트 2003, 2010, 2013, 2016, 2019
매달/매년 구독형	결제방식	1회 결제
월 단위, 연 단위(결제기간)	사용기간	영구
제한 없음	설치 가능 대수	1대
기능 업데이트, 보안 업데이트	업데이트	보안 업데이트만
파워포인트 외 MS워드, Excel, Outlook 등 사용 가능, OneDrive 1TB 무료 제공	비고	

* 2020년 3월 기준, 마이크로소프트(MS) 정책에 따라 변동될 수 있습니다.

쉽게 생각하면 'MS365 버전'은 월/년 단위로 구매하는 '기간형 구독상품'입니다. 구독기간이 만료되면 사용할 수 없지만 지속적으로 기능 업데이트를 제공하므로 항상 최신 기능을 사용할 수 있습니다. 반면에 MS365 버전이 아닌 일반 버전을 구매하면 평생 사용할 수 있다는 장점이 있지만, 기능 업데이트는 전혀 제공되지 않습니다. 따라서 최신 버전의 다양한 기능을 활용하고 싶다면 '구독형 MS365 버전'을 구매하고, 제한적인 기능만 사용한다면 '일반 버전'을 구매해서 평생 사용하면 됩니다. 앗! 회사를 다닌다면 회사에서 제공하는 파워포인트를 써야 합니다. 회사에서 개인 버전을 사용하면 라이선스 문제가 발생할 수 있으니 주의하세요!

버전별 주요 기능의 차이

회사 PC에 설치되어 있는 파워포인트를 오래 사용했거나, 개인 PC의 파워포인트 업그레이드를 해본 적이 없는 사람이라면 한 가지 버전의 파워포인트를 오랫동안 사용하고 있을 겁니다. 또 버전별로 메뉴의 위치나 기능상의 차이가 있더라도 내 손에 익은 구 버전 파워포인트만을 사용하는 사람도 많습니다. 물론 MS에서 여러분이 사용하는 데 불편한 방식으로 메뉴 위치나 기능을 변경하지는 않아요! 여기서는 버전별로 어떤 메뉴가 어떻게 변경되었고, 어떤 기능상의 차이가 있는지 한 눈에 정리해보았어요.

1. 팝업 창 `2010 이하` VS 슬라이드 패널 창 `2013 이상`

파워포인트 화면에서 개체를 선택한 뒤 마우스 오른쪽 버튼을 클릭하여 '개체 서식(도형 서식)'을 선택하면 버전에 따른 메뉴 창 스타일의 차이를 확인할 수 있습니다. 먼저 파워포인트 2010 버전까지는 메뉴 창이 다음 쪽의 상단 그림처럼 슬라이드 편집화면 위에 팝업 창 형식으로 열렸지요. 이 부분이 파워포인트 2013부터는 다음 쪽의 하단 그림처럼 화면 우측에 슬라이드 패널 창으로 열립니다.

파워포인트 2010이 나왔던 시기에는 4:3 모니터를 사용했기 때문에 좌우 편집 창이 좁은 편이어서 슬라이드 편집의 방해를 최소화하고자 팝업 창으로 메뉴를 제공했습니다. 그러다 2013년에는 HD급 16:9 모니터가 대중화되면서 편집화면을 더 효율적으로 사용하고자 우측 슬라이드 패널 창으로 변경된 것이지요. 2010 버전을 쓰던 사람이 2013 이후 버전의 메뉴 창이 열리는 형태가 어색한 경우가 있는데, 이렇게 이유를 알고 나면 더 편리하고 효율적인 변화라는 사실을 알 수 있습니다.

\<파워포인트 2013 이전 버전 : 팝업 창\>

\<파워포인트 2013 이후 버전 : 슬라이드 패널 창\>

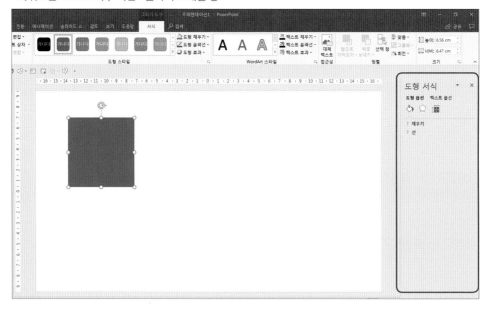

2. 도형 병합

도형 병합 메뉴에는 포토샵이나 일러스트레이터 없이 다양한 디자인을 가능하게 해주는, 2가지 이상의 개체에 대한 '통합, 결합, 조각, 교차, 빼기' 기능이 있습니다. 이제 파워포인트에서 없어서는 안 되는 엄청난 기능들이지요. 이 기능들은 파워포인트 2010부터 사용이 가능해졌는데, 우선 버전별 차이를 살펴볼까요?

버전	이미지	비고
파워포인트 2010	셰이프 병합(U) 셰이프 결합(C) 셰이프 교차(I) 셰이프 빼기(S)	• 셰이프 병합이라는 명칭 • 메뉴가 숨겨져 있어서, 빠른 실행 도구 모음을 설정해서 사용해야 함 • 도형끼리만 기능 적용이 됨 • '조각' 기능이 없음
파워포인트 2013, 2016	도형 병합 ▾ 병합(U) 결합(C) 조각(F) 교차(I) 빼기(S)	• 2013 버전부터 정식메뉴에 등록되어 사용 가능해짐
파워포인트 2019, MS365	통합(U) 결합(C) 조각(F) 교차(I) 빼기(S)	• 병합이라는 명칭이 '통합'으로 변경됨

파워포인트 2010에서 위의 기능들을 사용하려면 '빠른 실행 도구 모음' 세팅이 필요합니다. 2010 버전의 '셰이프 병합 메뉴를 활성화하는 방법'은 82쪽을 참고하세요.

3. 스포이트

2013 2016 2019 MS365

프레젠테이션의 주요 요소 중 하나는 '색'입니다. '스포이트'는 특정 색을 추출하여 바로 활용할 수 있는 기능으로, 포토샵을 사용해본 사람이라면 익숙한 기능이지요. 이로써 파워포인트 기본 팔레트에 있는 색상만을 활용했던 자료에 내가 원하는 색을 마음껏 활용할 수 있게 되었습니다. 자세한 활용법은 141쪽을 참고하세요.

4. 잉크 수식

2016 2019 MS365

기존에는 수학선생님이나 과학선생님 또는 특수문자나 수식을 많이 다루는 사람들이 파워포인트에서 특수문자, 수식, 기호를 삽입하기가 어려웠습니다. 그래서 좀 더 입력이 쉬운 아래아한글 프로그램에서 개체를 삽입하고 이를 캡처해서 파워포인트에 활용하는 경우가 많았지요. 하지만 파워포인트 2016부터는 이런 불편함이 한 번에 해결되었습니다. 우측 그림처럼 '삽입>수식>잉크 수식' 기능을 열어서 마우스로 쓱쓱 그리기만 하면 내가 입력한 수식 등을 바로 텍스트 개체로 삽입할 수 있기 때문이지요.

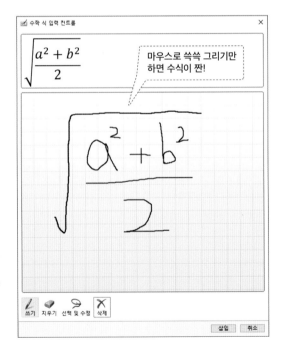

이렇게 입력한 개체는 아래 그림처럼 '수식'이라는 추가기능을 통해 내가 원하는 개체로서 업그레이드할 수도 있습니다. 실제로 학교 선생님들에게 이 기능을 알려줬더니 눈물겨운 기립박수를 쳐줬습니다. 왜 기립박수까지 나왔는지는 직접 써보고 느껴보길 바랍니다!

5. 아이콘

파워포인트 2010에는 클립아트라는 메뉴가 있었습니다. 이 메뉴를 활용하면 아래 그림처럼 뭔가 서양적인 이미지 느낌의 개체를 삽입할 수 있습니다. 하지만 디자인 트렌드가 변화하면서 파워포인트 2013 버전부터는 이 메뉴가 아예 삭제되었습니다.

<2013 버전부터 삭제된 '클립아트' 기능>

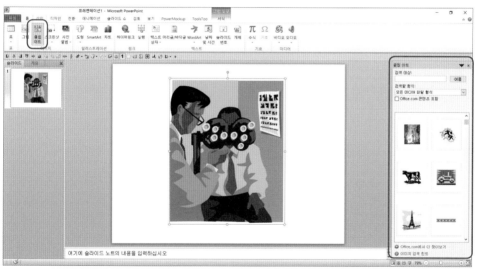

이제는 디자인 트렌드가 더 심플, 간결, 빠른 정보전달로 변화하면서 '픽토그램(아이콘이라고 생각하면 됩니다)'이 새로운 디자인 트렌드 개체로 활용되고 있습니다. 이런 트렌드에 맞춰 파워포인트 2019, MS365 버전에서는 아래 그림처럼 아이콘을 바로 삽입·활용할 수 있도록 기능(삽입>아이콘)이 업데이트되었습니다.

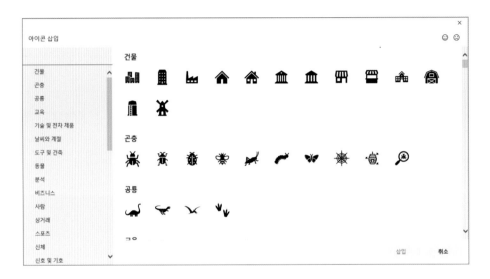

이 개체들은 색상변경이 가능하고 확대해도 깨지지 않는 '벡터형 자료'로, 활용도가 매우 높고 지금의 트렌드에서 빠져서는 안 될 요소랍니다! 자세한 내용은 126~135쪽 및 268~277쪽 내용을 참고해주세요.

6. 3D 모델 삽입, 3D 애니메이션

MS365 버전에서는 '3D 모델' 삽입이 가능해졌습니다. '삽입>3D 모델'을 선택하면 MS에서 제공하는 3D 모델을 삽입할 수 있고, 별도의 3D 모델 파일이 있다면 이 또한 삽입할 수 있습니다. 상단 그림처럼 개체를 클릭하고 가운데 화살표를 돌려주면, 하단 그림처럼 모든 방향으로 화면전환을 할 수 있습니다. 파워포인트로 이런 개체까지 활용할 수 있다니 정말 생각도 못할 일이었지요!?

3D 개체에는 '3D 애니메이션'도 적용할 수 있습니다. 3D 개체를 삽입하고 아래 그림처럼 애니메이션 메뉴를 클릭하면 일반 개체에는 적용할 수 없는 '모델 애니메이션(움직이는 3D일 경우)'과 '3D 애니메이션' 기능을 적용할 수 있습니다. 시각적 개체가 중요한 시대인 만큼 이런 기능을 통해 더 많은 효과를 기대할 수 있겠지요?

7. 모핑

2019 MS365

이 기능을 처음 알고 나서 필자가 외친 말이 있습니다 "미. 쳤. 다!!" 이 모핑기능을 알게 된 때가 필자가 파워포인트에 제대로 미쳐버린 순간이었습니다. 슬라이드와 슬라이드가 전환될 때 적용할 수 있는 이 기능은 현재 파워포인트 2019, MS365에서 활용이 가능하며, '똑같은 개체'가 다음 슬라이드에서 '크기, 위치 등이 변경'되었을 경우 앞 슬라이드에서 다음 슬라이드로 전환되면서 해당 개체의 크기와 위치가 변형되는 과정을 자연스럽게 표현해줍니다. 이 기능은 글로 설명하기 어려운 만큼 다음 쪽과 같은 영상(https://www.youtube.com/watch?v=4NzbcVoYC_E)을 직접 한 번 보거나, 유튜브에서 '파워포인트 모핑'을 검색해서 관련 영상을 보기를 추천합니다.

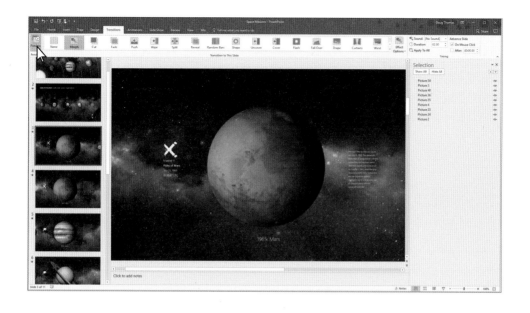

이 기능을 알고 활용하는 순간 완전 새로운 콘텐츠 제작과 발표가 가능해집니다. 역동적인 프레지(prezi)가 필요 없어졌어요!

8. 화면 녹화 2019 MS365

유튜브로 대표되는 동영상 대세시대에 내 PC 화면을 녹화해 보여주고 싶어서 화면 녹화 프로그램과 인코더를 활용해 영상을 만들려는 경우가 많을 텐데요, 무료 버전의 화면 녹화 프로그램들은 녹화할 때 워터마크가 찍히기도 하고 녹화시간이 짧게 제한되어 있는 등 불편함이 많습니다. 파워포인트 2019와 MS365에서는 '화면 녹화'를 기본 기능으로 제공하여 이런 불편함을 없앴습니다. 이 기능을 활용하려면 먼저 아래 그림처럼 '삽입>화면 녹화'를 클릭합니다.

다음 메뉴에서 녹화할 영역을 선택하여 녹화를 시작하면 녹화를 중단할 때까지의 화면이 실시간으로 저장됩니다. 녹화정지 버튼을 누르면 녹화한 내용이 파워포인트 슬라이드에 동영상 형식으로 삽입되는데, 이를 슬라이드에서 활용하거나 별도의 동영상 파일로 저장할 수 있습니다. 이럴 경우 친구나 동료에게 파워포인트 기능 사용법 등을 말로 설명하는 때보다 훨씬 효과적으로 전달할 수 있습니다. 유튜브에 바로 올릴 수도 있으니 동영상시대에 맞는 기능 활용법이라고 할 수 있겠지요? 자세한 활용법은 278쪽을 참고하세요.

9. 사진 투명도

사실 파워포인트 구 버전에도 도형에 사진을 채워서 사진 투명도를 조절하는 방법이 있었습니다. 사진을 선택해 복사해놓은 다음, 파워포인트 슬라이드에서 특정 도형을 그려서 선택하고 마우스 오른쪽 버튼을 눌러서 아래 그림처럼 '도형 서식>채우기>그림 또는 질감 채우기>클립보드'를 선택하면, 도형에 사진이 채워지면서 투명도 조절이 가능했습니다.

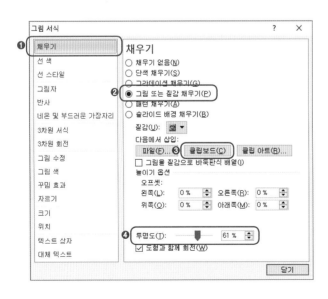

하지만 위의 기능은 많은 사람이 모르기도 했고 구현하기도 불편했습니다. 그러다 버전이 업데이트되면서 MS365에서는 아래 그림처럼 '그림 선택>그림 서식>투명도' 메뉴에서 한 번의 클릭으로 이 기능을 활용할 수 있도록 했습니다!

이로써 더 쉽게 더 많은 콘텐츠를 만들 수 있게 되었습니다. 점점 더 편리해지고 있지요?

10. 상단 메뉴 명칭 변경   `MS365`

MS365 이외의 버전에서는 도형과 사진을 동시에 선택한 뒤 상단 메뉴를 확인하면 좌측 그림처럼 '서식'이라는 메뉴가 2개 있었습니다. 상단 추가 메뉴설명으로 왼쪽이 도형 관련 서식, 오른쪽이 사진 관련 서식임은 알 수 있지만 한 눈에 들어오지 않아 일부 사용자들이 매우 혼란해 했습니다.

MS365에서는 이런 불편함이 해소되었습니다. 우측 그림처럼 '도형 서식', '그림 서식'이라고 명확하게 확인이 가능하도록 메뉴명칭이 변경되었거든요. 이로써 이제 어떤 서식에 대한 메뉴인지 헷갈리지 않고 바로 적용할 수 있게 되었습니다.

학생이라면 최신 파워포인트가 무료!

MS에서는 초·중·고·대학생들에게 무료로 MS365를 제공하고 있습니다. 초·중·고등학교 학생들은 아래과 같은 각 학교 소속 교육청 사이트에 접속해서 안내에 따르면 최신 버전의 오피스를 무료로 사용할 수 있습니다. 또한 일부 교육청에서는 MS365뿐만 아니라 아래아한글, 윈도우10을 교육용 버전으로 무료로 제공해주고 있으니 지금 바로 확인해보세요!

사이트 주소	학교소재지 대상지역
www.o365edu.net	서울시, 부산시, 대구시, 제주시, 세종시, 대전시, 울산시, 강원도, 충청북도, 전라북도
cloud.goe.go.kr	경기도
office365.gwe.go.kr	강원도
o365.cne.go.kr	충청남도
o365.jne.go.kr	전라남도
o365.gen.go.kr	광주광역시
sw-ms.gne.go.kr	경상남도
sw.hifive.go.kr	특성화고, 마이스터고

대학생이라면 각 대학 포털사이트에서 대학별 안내를 하고 있습니다. 또는 다음 주소에 접속하여 학교 이메일 주소를 입력한 뒤 안내에 따르면 무료로 MS365를 사용할 수 있습니다.

https://www.microsoft.com/ko-kr/education/products/office/default.aspx

다만 MS에 사용을 요청한 대학교에 한해서만 사용이 가능하므로, 학교 측에 사용 가능 여부를 미리 문의해보고 사용하기를 권합니다.

필수옵션 세팅

파워포인트 작업을 하다가 글자 밑에 빨간 밑줄이 생기거나, 한글을 입력했는데 갑자기 영어로 획획 바뀌고, Ctrl+Z 단축키로 방금 작업한 내용을 취소했지만 내가 원하는 작업시점까지 돌아가지 않는 등의 불편한 상황을 많이 겪었었나요? 이런 불편함을 없애거나 줄일 수 있는 옵션들이 있습니다! 그동안 몰랐던 필수옵션 세팅방법, 이것만은 꼭 설정해서 작업효율을 높여보아요!

▶ **파워포인트 옵션 창 여는 방법** 화면 상단 '파일〉옵션' 클릭

1. 일반

① 시작화면 표시 해제   ☑ 2013 │ 2016 │ 2019 │ MS365

2013 버전부터 파워포인트를 열면 아래 그림과 같은 시작화면이 먼저 실행됩니다. 좌측에서는 최근 작업한 파일목록을, 우측에서는 템플릿을 선택할 수 있습니다. 하지만 자주 쓰이지 않기 때문에 매번 '닫기'를 클릭하고 작업을 시작해야 하는 번거로움이 있고 실행속도도 떨어뜨리는 불편함을 줍니다.

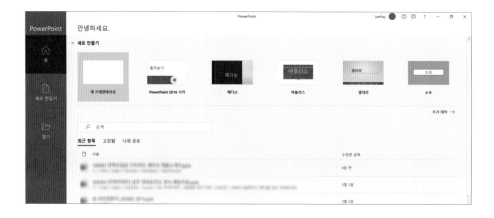

이럴 때는 아래 그림과 같이 '파일>옵션>일반'을 선택해서 하단에 있는 '이 응용 프로그램을 시작할 때 시작 화면 표시' 체크를 해제해줍니다.

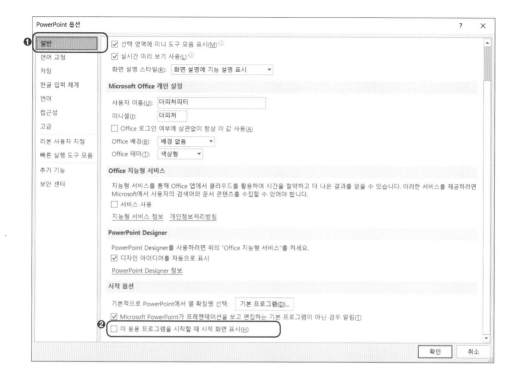

2. 언어 교정

① 맞춤법 검사 해제

☑ 2007 | 2010 | 2013 | 2016 | 2019 | MS365

파워포인트에서 텍스트를 입력하다보면 텍스트 아래쪽에 빨간색 물결 밑줄이 생기는 것을 볼 수 있습니다. 맞춤법 검사를 해주는 똑똑한 기능이지만, 종종 맞는 단어도 틀리다 하고, 틀린 단어도 맞다고 하는 경우를 볼 수 있습니다. 만약 이것을 보기가 불편하다면 맞춤법 검사를 해제해줄 수 있습니다. 아래 그림처럼 '파일>옵션>언어 교정'을 선택해서 '입력할 때 자동으로 맞춤법 검사' 체크를 해제해주세요.

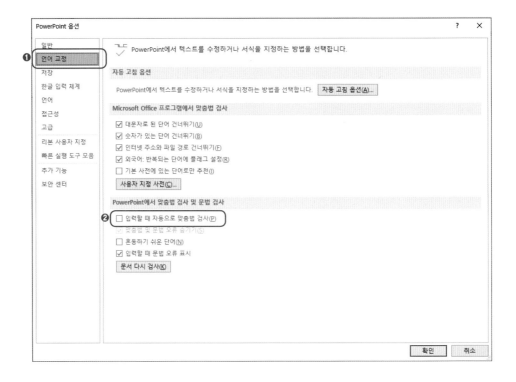

② 한/영 자동 고침 해제

☑ 2007 | 2010 | 2013 | 2016 | 2019 | MS365

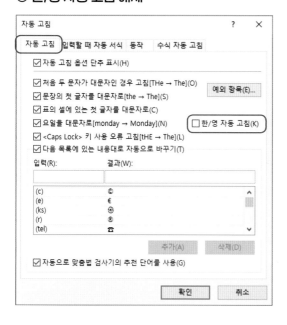

진짜 불편했던 이것!! 한글을 빨리 타이핑하면 영어로 휙휙~ 바뀌고, 영어를 빨리 타이핑하면 한글로 휙휙~ 바뀌는 현상, 너무 불편했지요? 이것도 옵션에서 바꾸어줄 수 있습니다. 좌측 그림처럼 '파일>옵션>언어 교정'에서 '자동 고침' 옵션을 선택해서 '한/영 자동고침' 체크를 해제해주세요. 이외에도 불편한 옵션이 있다면 해당 화면에서 체크를 해제해주면 됩니다.

③ 푸르딩딩한 이메일주소·웹주소(하이퍼링크) 없애기 ☑ 2007 | 2010 | 2013 | 2016 | 2019 | MS365

파워포인트 문서에 이메일주소나 웹페이지주소를 삽입하면 흐릿하고 푸르딩딩하게 색이 바뀌고, 원하지 않는 밑줄이 그어지는 현상을 봤을 거에요. 작업하는 메인 테마 색과 어울리지 않아서 색을 바꾸려해도 도무지 바뀌지 않아 보기 싫은 상태로 남곤 하잖아요? 이럴 때 테마를 수정하는 방법도 있지만, 옵션에서 아예 그런 현상이 발생하지 않도록 쉽게 바꿔줄 수 있습니다. 우측 그림처럼 '파일>옵션>언어 교정'에서 '자동 고침' 옵션을 선택해서 나온 팝업 창에서 '입력할 때 자동 서식'을 선택한 다음 '인터넷과 네트워크 경로를 하이퍼링크로 설정' 체크를 해제해주면 끝!

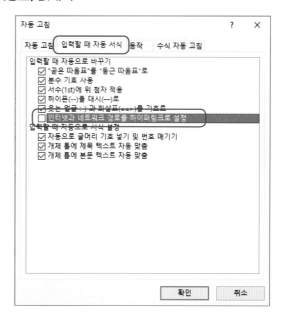

3. 저장

① 자동 복구 정보 저장 간격

☑ 2007 | 2010 | 2013 | 2016 | 2019 | MS365

파워포인트 작업을 하다보면 누구나 한 번은 겪게 되는 현상! 갑자기 오류 창이 뜨고 편집 화면이 하얗게 변해버려서 내 머릿속도 하얗게 되는 그 순간, 이 무시무시한 순간이 예고없이 찾아오곤 합니다. 불안한 마음으로 다시 파워포인트를 열어보면 다행히 작업한 파일이 살아나기도 하지만, 정작 문제는 내가 작업한 것보다 훨~씬 전 시점으로 저장되어 있다는 데 있지요. 이런 문제를 최소화하는 옵션 설정은 이렇습니다. 아래 그림처럼 '파일>옵션>저장'을 선택해서 '자동 복구 정보 저장 간격'을 기본 10분에서 5분으로 변경해줍니다. 물론 1분 또는 3분으로 짧게 설정할 수도 있지만, 이럴 경우 문서의 용량이 크면 1~3분마다 자동 저장되면서 PC가 버벅거리는 현상이 발생합니다. 따라서 자동 저장 간격은 '5분'이 가장 적당합니다.

② 기본 로컬 파일 위치

☑ 2007 | 2010 | 2013 | 2016 | 2019 | MS365

저장 버튼을 누르면 왜 항상 '내 문서'에만 저장될까요? 궁금한 적 없었나요? 자료 정리를 조금 한다는 사람들은 작업파일을 C드라이브가 아닌 D드라이브에 저장합니다. C드라이브가 날라가거나 윈도우를 재설치할 경우를 대비하기 때문이지요. 그럼 저장 버튼을 눌렀을 때 특정 드라이브의 폴더에 바로 저장시키는 방법은 없을까요? 네, 있습니다. 이 옵션을 활용해보세요. 아래 그림처럼 '파일>옵션>저장'을 선택해서 '기본 로컬 파일 위치'에 내가 원하는 특정 폴더의 주소를 입력해줍니다. 이러면 앞으로 파일 저장·관리가 더욱 편해지겠지요?

PART 1 | 기분기 다지기

PART 2 | 이별 때, 이렇게 – 실전 자료 마스터링 & 컨설팅

부록 | 파워포인트 추천사이트 소개

③ 파일의 글꼴 포함

파워포인트를 해본 사람이라면 누구나 텍스트를 돋보이게 하는 '글꼴(폰트)'의 중요성을 잘 알고 있을 겁니다. 그런데 이런 경우를 본 적 없나요? 집에서 가독성 좋은 무료 폰트로 멋지게 자료를 만들었지만, 막상 발표현장에서 열어보면 기본 폰트로 보이는 경우! 당황스러울 수밖에 없는 이런 상황은 집에서 사용한 폰트가 발표현장에 있는 PC에는 깔려있지 않은 경우에 발생합니다.

이럴 때는 이런 옵션을 활용해보세요. '파일>옵션>저장'을 선택해서 '파일의 글꼴 포함'에 체크! PC에 내가 사용한 폰트가 깔려있지 않아도 해당 폰트를 유지시켜주는 옵션이랍니다! 주의사항은, 다른 옵션들은 한 번 설정하면 영구적으로 적용되지만, 이 옵션은 '작업파일을 열 때마다' 적용해주어야 한다는 점입니다. 한 번 적용했다고 해서 다른 파일에 동일하게 적용되지 않는다는 점, 반드시 명심하세요!

4. 고급

① 실행 취소 최대 횟수 변경   ☑ 2007 | 2010 | 2013 | 2016 | 2019 | MS365

파워포인트 작업을 하다가 방금 작업한 내용이 마음에 들지 않는다면? 'Ctrl+Z'를 눌러주면
됩니다. 방금 작업한 사항을 취소하는 단축키지요. 하지만 이 키를 몇 번 누르다보면 내가
원하는 작업시점까지 실행취소가 되지 않아서 답답한 경우가 많습니다. 이럴 때는 아래 그
림처럼 '파일>옵션>고급'을 선택해서 '실행 취소 최대 횟수'를 변경해보세요. 기본 20회로 설
정되어 있지만 최대 150회까지 변경할 수 있습니다. 150회 정도면 원하는 작업시점까지 충
분히 실행취소를 할 수 있겠지요?

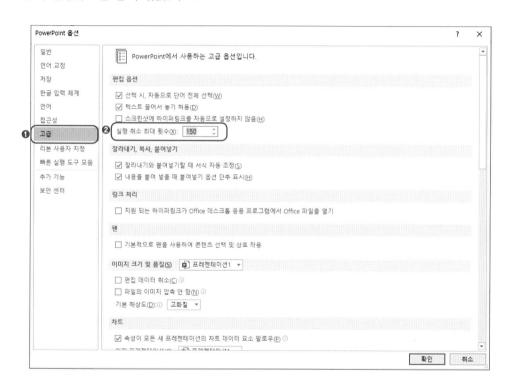

5. 빠른 실행 도구 모음

2007 2010 2013 2016 2019 MS365

지금까지 파워포인트 옵션들을 변경하여 작업효율성을 높였다면, 이번에는 '빠른 실행 도구 모음'을 이용해 작업속도를 향상시켜보겠습니다. 이 기능을 써보면 그동안 몰랐던 게 너무 아쉬워질 것입니다. 아래 그림처럼 '빠른 실행 도구 모음'은 기본적으로 파워포인트 화면 왼쪽 상단에 배치되어 있습니다.

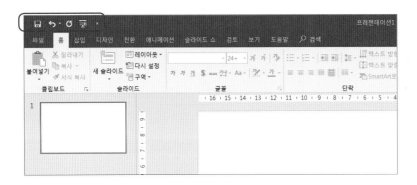

우선 아래 그림처럼 리본 메뉴(상단 한글메뉴와 기능 아이콘들이 있는 영역) 위에서 마우스 오른쪽 버튼을 클릭해서 나온 메뉴 창에서 '리본 메뉴 아래에 빠른 실행 도구 모음 표시'를 선택해서 편집화면 가까이 배치해보겠습니다.

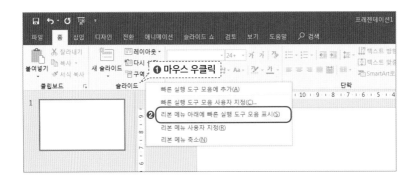

이렇게 다음 쪽 그림처럼 빠른 실행 도구 모음을 편집화면과 가장 가까이 배치하면 도구 내 기능 버튼을 누르는 시간을 최소화할 수 있습니다.

이제는 내가 원하는 메뉴를 빠른 실행 도구 모음에 등록해보겠습니다! 방법은 아주 간단합니다. 원하는 메뉴에 마우스 커서를 올리고 마우스 오른쪽 버튼을 눌러서 '빠른 실행 도구모음에 추가'를 클릭하면 빠른 실행 도구 모음 가장 오른쪽에 해당 메뉴가 추가됩니다. 아래그림은 가장 많이 쓰이는 '텍스트 상자'와 '도형 삽입'을 추가한 사례입니다.

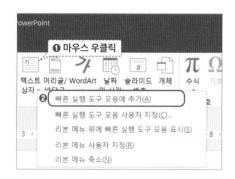

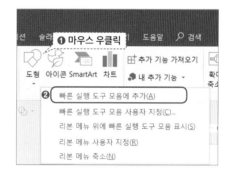

여기까지 잘 따라왔다면 'Alt' 키를 눌렀다가 떼보세요. 아래 그림처럼 빠른 실행 도구 모음에 번호가 뜰 거에요. 이게 뭐냐고요? 바로 나만의 '마법의 단축키'랍니다!

Alt 키를 누른 상태에서 원하는 메뉴의 번호를 눌러보세요. 놀랍게도 해당 메뉴가 바로 실행될 것입니다. 이렇게 자주 쓰는 메뉴를 빠른 실행 도구 모음에 등록해두고 나만의 단축키를 활용하면 작업속도가 엄청나게 빨라지는 경험을 할 수 있습니다!

▶ '빠른 실행 도구 모음' 등록 추천 메뉴 삽입〉텍스트 삽입, 삽입〉도형 삽입, 홈〉정렬〉맞춤

등록한 빠른 실행 도구 모음을 세부적으로 편집할 수도 있습니다. 아래 그림처럼 리본 메뉴에서 마우스 오른쪽 버튼을 누른 후 '빠른 실행 도구 모음 사용자 지정'을 클릭합니다.

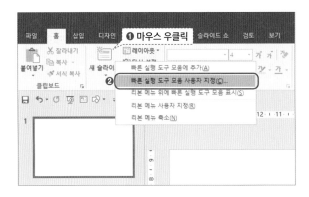

다음 쪽 그림과 같은 창에서 빠른 실행 도구 모음의 순서를 바꿔 단축키 번호를 변경하거나, 메뉴를 추가 또는 삭제할 수 있습니다.

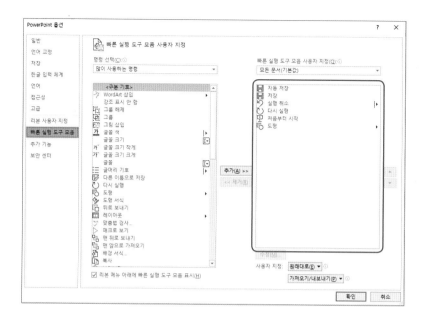

만일 다른 PC에서 지금 사용하고 있는 PC와 동일한 빠른 실행 도구 모음을 사용하고 싶다면 아래 그림처럼 '빠른 실행 도구 모음 사용자 지정 창' 우측 하단에 있는 사용자 지정 메뉴 중 '가져오기/내보내기'를 활용해보세요. 내보내기로 현재 메뉴환경을 하나의 파일로 저장한 후에 다른 PC에서 가져오기를 해서 해당 파일을 선택하면 언제 어디서나 똑같은 빠른 실행 도구 모음을 활용할 수 있어서 매우 편리합니다.

Ctrl, Alt, Shift 키

사람마다 작업성향이 다르기 때문에 단축키 활용에 대한 차이도 큽니다. 단축키를 많이 알고 잘 쓴다고 해서 실력이 좋다는 의미는 아니라는 것이지요. 다만 파워포인트에서 다음과 같은 Ctrl, Alt, Shift와 연계된 키만은 꼭 익혀두고 활용해보세요.

구분	Ctrl	Alt	Shift
화면	화면 확대/축소(+마우스휠)		
도형	자기중심적 크기 변경		정각형 삽입, 비율유지 변형
이동	개체복사	미세이동	수직/수평이동
회전	미세회전(+Alt)	15도 회전(+키보드)	15도 회전(+마우스)
선택	복수 선택		복수 선택, 개체 빼고 더하기

그럼 이 중에서 가장 많이 쓰이는 기능들을 더 자세히 살펴볼까요?

1. Shift

① 정각형 도형 삽입

'삽입>도형'에서 원하는 도형을 선택한 후 'Shift+드래그'를 하면 다음 쪽 그림처럼 '정각형' 도형을 삽입할 수 있습니다.

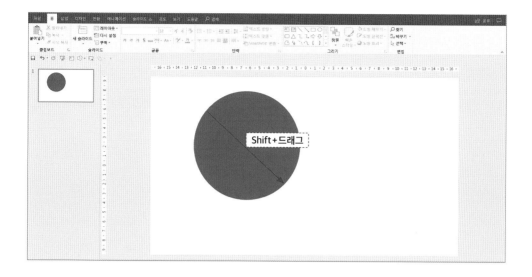

② 비율을 고정한 채 크기 변경

슬라이드에서 도형을 선택한 뒤 'Shift'를 누른 채로 도형 모서리를 드래그하면 비율이 고정된 채로 크기가 변경됩니다. 이 기능은 파워포인트의 모든 개체(텍스트 상자, 도형, 사진, 아이콘, 차트, 표 등)에 적용되므로 꼭 활용해보세요. 특히 사진크기를 비율 변경 없이 바꿀 수 있게 해주기 때문에 사진편집을 할 때 반드시 활용해야 하는 기능 키입니다.

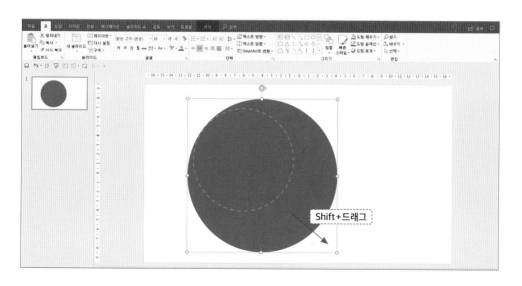

③ 수평/수직이동

도형을 선택한 뒤 'Shift+드래그'하면 수직·수평이동이 됩니다. 깔끔한 자료작성을 위해 반드시 알아야 할 기능 키입니다.

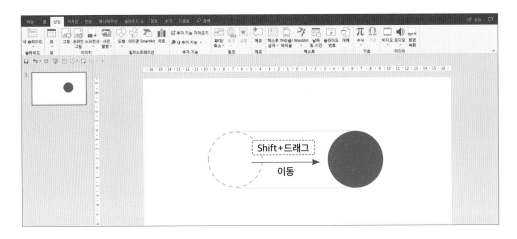

2. Ctrl

① 개체 이동 복사

도형을 선택한 뒤 'Ctrl+드래그' 하면 원하는 위치에 해당 도형을 복사할 수 있습니다. 'Ctrl+C, V' 보다 훨씬 빠르고 편리하지요! 여기에 수평·수직이동을 하게 해주는 Shift를 조합하여 'Ctrl+Shift+드래그'를 하면 수평·수직이동 복사가 된다는 것도 꼭 알아두세요.

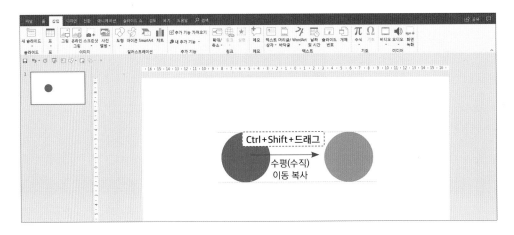

② 자기중심적 크기 변경

도형을 선택한 뒤 'Ctrl'을 누른 채로 크기조절섬을 드래그하면 노형위지를 고정한 상태에서 자기중심적 크기변경을 할 수 있습니다. 상하좌우 중 어느 한 쪽을 변경하면 상하 또는 좌우크기가 한 번에 변경되고, 모서리 크기를 변경하면 상하좌우 크기가 모두 변경됩니다. 여기에 Shift를 조합하여 'Ctrl+Shift+모서리 크기 변경'을 하면 도형위치와 비율이 고정된 채 도형크기가 변경된다는 것도 함께 기억해요!

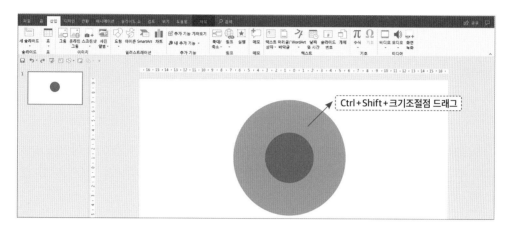

Ctrl+Shift+크기조절점 드래그

3. Alt

① 15도씩 기울기 변경

도형을 선택한 뒤 'Alt+→ 또는 ←'를 누르면 개체가 15도씩 회전합니다. 이 기능은 인포그래픽 작업을 할 때 많이 활용됩니다!

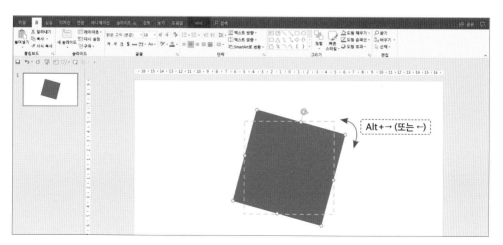

Alt+→ (또는 ←)

텍스트

1. 기본 텍스트 상자로 설정

텍스트 상자는 파워포인트에서 가장 많이 쓰이는 기능 중 하나입니다. 많이 쓰는 만큼 손도 많이 가는데요, 반복작업을 하게 되는 이 텍스트 상자를 쉽게 사용하는 방법이 없을까요? 파워포인트 작업을 할 때는 매번 자주 쓰는 폰트, 색상, 크기 등을 설정하게 되는데요, 지금 설명할 기능은 폰트, 색상, 크기를 반복해서 설정하지 않아도 되는 꿀기능입니다. 이름하여, '기본 텍스트 상자로 설정'! 이 기능을 설정·활용하는 방법은 매우 간단합니다. 먼저 아래 그림처럼 텍스트 상자를 삽입한 후 자주 쓰는 폰트, 색상, 크기를 설정해서 텍스트를 입력합니다.

주로 쓰이는 폰트, 색상, 크기를 설정

그런 다음 텍스트 상자를 선택한 뒤에 마우스 오른쪽 버튼을 눌러서, 다음 쪽 그림처럼 매번 봤지만 한 번도 안 눌러본 '기본 텍스트 상자로 설정'이라는 메뉴를 클릭합니다.

응?? 해본 사람은 알겠지만 놀랍게도(!) 아무 반응이 없습니다. 섭섭해하지 말고 아래 그림처럼 새로운 텍스트 상자를 삽입해서 텍스트를 입력해봅니다.

주로 쓰이는 폰트, 색상, 크기를 설정

새로운 텍스트 상자가 이렇게 짜잔!

자, 이제 어떤 기능인지 알겠지요? 말 그대로 내가 자주 쓰는 폰트, 크기, 색상 등을 기본 텍스트 상자로 설정함으로써, 매번 번거롭게 새로운 텍스트 상자를 삽입할 때마다 텍스트 효과를 새로 적용하지 않고 미리 설정한 효과를 바로 적용하는 기능인 것이지요! 지금 바로 써보면 작업이 너~어무 편해진다는 사실을 느낄 수 있을 겁니다.

참고로 도형과 선 역시 동일한 방식으로 '기본 도형으로 설정', '기본 선으로 설정'을 해서 활용할 수 있습니다!

2. 줄 간격

줄 간격은 텍스트 가독성에 영향을 주는 매우 중요한 설정 중 하나인데도, 우리는 크게 신경 쓰지 않고 기본 설정 단위만 사용하는 경우가 많았습니다. 하지만 회사에서 실무를 하다보면 세밀한 줄 간격 조정을 하고 싶을 때가 있는데요, 이거 쉽게 설정하는 방법이 없을까요?

줄 간격을 세밀하게 조절하려면 좌측 그림처럼 우리가 일반적으로 사용하는 줄 간격 메뉴를 그대로 활용해서는 안 되고, '홈>단락>줄 간격'을 선택해서 줄 간격을 조정해야 합니다.

일반적인 줄 간격 메뉴에서 기본설정인 줄 간격 1.0(좌)과 줄 간격 2.0(우)으로 했을 때의 차이는 아래 그림과 같아요.

<줄 간격 1.0>

김치, 두부, 야채, 고기를 기호에 따라 먹기 좋게 썰어주세요.
냄비에 참기름을 두르고 중불에서 김치를 볶아 주세요. 김치가 시면 설탕을 넣어서 신맛을 조금 없애주시면 되고, 다시다로 간을 하셔도 좋아요.
김치가 노르스름하게 볶아지면 돼지고기를 먹기 좋게 썰어넣고 다진마늘을 넣어 준 뒤 양파와 함께 볶아주세요.
고기가 어느 정도 볶아지면, 물을 3컵 붓고 약 5분간 끓여주세요.
불을 약간만 줄이고 두부, 팽이버섯을 넣고 한소끔 더 끓여주세요. 가끔씩 저어주세요.
두부에 김치찌개 맛이 더 어우러지도록 김칫국물을 두부 위에 뿌려준 뒤, 한소끔 더 끓여주세요. 가끔씩 저어주세요.
소금, 후추, 다시다, 국간장으로 간하고 파를 어슷썰어 넣고 불을 끄세요.

<줄 간격 2.0>

김치, 두부, 야채, 고기를 기호에 따라 먹기 좋게 썰어주세요.

냄비에 참기름을 두르고 중불에서 김치를 볶아 주세요. 김치가 시면 설탕을 넣어서 신맛을 조금 없애주시면 되고, 다시다로 간을 하셔도 좋아요.

김치가 노르스름하게 볶아지면 돼지고기를 먹기 좋게 썰어넣고 다진마늘을 넣어 준 뒤 양파와 함께 볶아주세요.

고기가 어느 정도 볶아지면, 물을 3컵 붓고 약 5분간 끓여주세요.

불을 약간만 줄이고 두부, 팽이버섯을 넣고 한소끔 더 끓여주세요. 가끔씩 저어주세요.

두부에 김치찌개 맛이 더 어우러지도록 김칫국물을 두부 위에 뿌려준 뒤, 한소끔 더 끓여주세요. 가끔씩 저어주세요.

소금, 후추, 다시다, 국간장으로 간하고 파를 어슷썰어 넣고 불을 끄세요.

단락 메뉴를 활용하려면 마우스 드래그로 단락 설정을 할 텍스트 범위를 지정한 다음, 마우스 오른쪽 버튼을 눌러서 나온 메뉴에서 '단락'을 선택하거나, 아래 그림처럼 '홈>단락'에서 우측에 있는 버튼을 클릭하면 됩니다. 저 버튼 눌러진다는 거 몰랐지요?

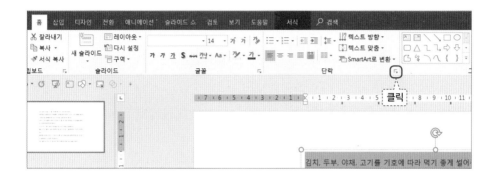

단락 창이 뜨면 아래 그림처럼 '줄 간격 옵션' 메뉴에서 '배수'를 선택하고 값을 직접 입력합니다. 참고로 '배수'를 선택해야 우리가 일반적으로 사용하는 '1.0~3.0' 식의 수치를 직접 입력해줄 수 있습니다. 조금 번거롭지만 세밀한 문서작업을 위해 줄 간격 설정법에 대해 반드시 알아야겠지요?

3. 문자 간격

줄 간격 외에도 텍스트 가독성에 큰 영향을 주는 요소가 있습니다. 아래아한글에서 '자간'
이라고 불리는, '문자 간격'이 바로 그것입니다. 문자 간격도 줄 간격처럼 세밀한 조절이 가
능한데요, 설정방법도 크게 다르지 않습니다. 설정할 텍스트 상자의 틀을 선택하거나, 드래
그로 텍스트 범위를 지정한 다음 아래 그림처럼 '홈>글꼴>문자 간격>기타 간격'을 클릭합
니다.

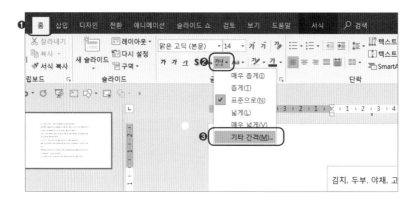

글꼴이라는 창이 뜨면 '문자 간격' 설정 탭을 선택해서 간격을 '보통, 좁게, 넓게' 중 하나로
설정하고 '값'을 입력해주면, 설정한 대로 문자 간격이 변경되는 것을 확인할 수 있습니다.

참고로 가독성면에서는 문자 간격을 '좁게, 0.5~0.7pt' 정도로 설정하는 것이 좋습니다. 다음은 동일한 내용의 문서에 문자 간격과 줄 간격을 각각 달리 적용해서 나타낸 것으로, 설정에 따라 가독성에 차이가 생긴다는 사실을 알 수 있습니다.

<문자 간격 : 표준, 줄 간격 : 기본설정 1.0>

- 김치, 두부, 야채, 고기를 기호에 따라 먹기 좋게 썰어주세요.
- 냄비에 참기름을 두르고 중불에서 김치를 볶아 주세요. 김치가 시면 설탕을 넣어서 신맛을 조금 없애주시면 되고, 다시다로 간을 하셔도 좋아요.
- 김치가 노르스름하게 볶아지면 돼지고기를 먹기 좋게 썰어넣고 다진마늘을 넣어 준 뒤 양파와 함께 볶아주세요.
- 고기가 어느 정도 볶아지면, 물을 3컵 붓고 약 5분간 끓여주세요.
- 불을 약간만 줄이고 두부, 팽이버섯을 넣고 한소끔 더 끓여주세요. 가끔씩 저어주세요.
- 두부에 김치찌개 맛이 더 어우러지도록 김칫국물을 두부 위에 뿌려준 뒤, 한소끔 더 끓여주세요. 가끔씩 저어주세요.
- 소금, 후추, 다시다, 국간장으로 간하고 파를 어슷썰어 넣고 불을 끄세요.

<문자 간격 : 좁게, 0.7pt, 줄 간격 : '배수' 1.3>

- 김치, 두부, 야채, 고기를 기호에 따라 먹기 좋게 썰어주세요.
- 냄비에 참기름을 두르고 중불에서 김치를 볶아 주세요. 김치가 시면 설탕을 넣어서 신맛을 조금 없애주시면 되고, 다시다로 간을 하셔도 좋아요.
- 김치가 노르스름하게 볶아지면 돼지고기를 먹기 좋게 썰어넣고 다진마늘을 넣어 준 뒤 양파와 함께 볶아주세요.
- 고기가 어느 정도 볶아지면, 물을 3컵 붓고 약 5분간 끓여주세요.
- 불을 약간만 줄이고 두부, 팽이버섯을 넣고 한소끔 더 끓여주세요. 가끔씩 저어주세요.
- 두부에 김치찌개 맛이 더 어우러지도록 김칫국물을 두부 위에 뿌려준 뒤, 한소끔 더 끓여주세요. 가끔씩 저어주세요.
- 소금, 후추, 다시다, 국간장으로 간하고 파를 어슷썰어 넣고 불을 끄세요.

4. 한글 단어 잘림 방지

어릴 적 한글을 배울 때 '아버지가방에들어가신다'라는 문장을 본 적이 있나요? 아버지가 방에 들어가시기도 하고, 가방에 들어가시기도 하는 신기한 문장이면서, 띄어쓰기가 잘못 되거나 단어가 잘못 잘리면 의미전달이 제대로 안 된다는 사실을 알려주는 문장이기도 합니다. 만일 실무에서 이런 오류가 생긴다면 상당히 위험한 일일 수밖에 없겠지요?

파워포인트에서 문장을 일일이 확인해가며 잘린 단어를 바꾸어주기는 너무 번거롭고 불편합니다. 아마 실무에서는 여전히 이런 최첨단(?) 수작업을 하고 있는 사람들이 있을 겁니다. 어떻게 아냐고요? 제가 그랬으니까요. 이제 여러분이 더 이상 그런 노고를 겪지 않을 수 있는, 작지만 강력한 꿀팁을 소개하겠습니다. 바로 몇 번의 클릭으로 완성되는 '한글 단어 잘림 방지' 기능입니다. 사용방법은 매우 간단합니다. 적용하려는 텍스트 범위를 지정한 다음 49쪽에서 설명한, '홈>단락'에 있는 우측 작은 버튼을 클릭합니다.

자, 이제 아래 그림처럼 '단락'이라는 창이 열린 것이 보일 겁니다. 여기서 '한글 입력 체계' 탭을 클릭해서 중간쯤 보면 '한글 단어 잘림 허용'이라는 메뉴가 체크되어 있음을 알 수 있습니다. 요걸 체크 해지해주면 끝!

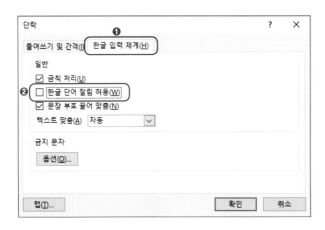

다음 사례는 동일한 내용의 문서를 각각 '한글 단어 잘림 허용'을 체크했을 때와 체크 해지했을 때의 차이를 나타낸 것입니다.

<'한글 단어 잘림 허용' 체크 해지 전>

- 김치, 두부, 야채, 고기를 기호에 따라 먹기 좋게 썰어주세요.
- 냄비에 참기름을 두르고 중불에서 김치를 볶아주세요. 김치가 시면 설탕을 넣어서 신맛을 조금 없애주시면 되고, 다시다로 간을 하셔도 좋아요.
- 김치가 노르스름하게 볶아지면 돼지고기를 먹기 좋게 썰어넣고 다진마늘을 넣어 준 뒤 양파와 함께 볶아주세요.
- 고기가 어느 정도 볶아지면, 물을 3컵 붓고 약 5분간 끓여주세요.
- 불을 약간만 줄이고 두부, 팽이버섯을 넣고 한소끔 더 끓여주세요. 가끔씩 저어 주세요.
- 두부에 김치찌개 맛이 더 어우러지도록 김칫국물을 두부 위에 뿌려준 뒤, 한소 끔 더 끓여주세요. 가끔씩 저어주세요.
- 소금, 후추, 다시다, 국간장으로 간하고 파를 어슷썰어 넣고 불을 끄세요.

<'한글 단어 잘림 허용' 체크 해지 후>

- 김치, 두부, 야채, 고기를 기호에 따라 먹기 좋게 썰어주세요.
- 냄비에 참기름을 두르고 중불에서 김치를 볶아주세요. 김치가 시면 설탕을 넣어서 신맛을 조금 없애주시면 되고, 다시다로 간을 하셔도 좋아요.
- 김치가 노르스름하게 볶아지면 돼지고기를 먹기 좋게 썰어넣고 다진마늘을 넣어 준 뒤 양파와 함께 볶아주세요.
- 고기가 어느 정도 볶아지면, 물을 3컵 붓고 약 5분간 끓여주세요.
- 불을 약간만 줄이고 두부, 팽이버섯을 넣고 한소끔 더 끓여주세요. 가끔씩 저어주세요.
- 두부에 김치찌개 맛이 더 어우러지도록 김칫국물을 두부 위에 뿌려준 뒤, 한소끔 더 끓여주세요. 가끔씩 저어주세요.
- 소금, 후추, 다시다, 국간장으로 간하고 파를 어슷썰어 넣고 불을 끄세요.

아, 이 간단하고 쉬운 방법을 왜 여태 몰랐을까요? 그쵸? 아주 간단하지만 실무에 매우 유용한 이 기능, 지금부터 편하게 활용해보자고요!

5. 글머리 기호, 번호 매기기

실무에서 많이 활용하는 텍스트 기능 중에서 실무자를 편하게 해주는 듯하면서도 막상 써
보면 손이 많이 가는 기능들이 있습니다. 그 중 하나가 바로 '글머리 기호 및 번호 매기기'입
니다. 자동으로 글머리 기호와 번호를 매겨주는 편리한 기능이지만, 제대로 활용을 하지 않
아서 오히려 실무에서 불편함을 느끼는 경우가 많습니다. 이번에는 제대로 배워서 효과적
으로 활용해볼까요?

우선 사용법은 매우 간단합니다. 먼저 아래 그림처럼 '글머리 기호' 또는 '번호 매기기'를 적
용할 텍스트의 범위를 지정하거나, 텍스트 상자 틀을 선택합니다.

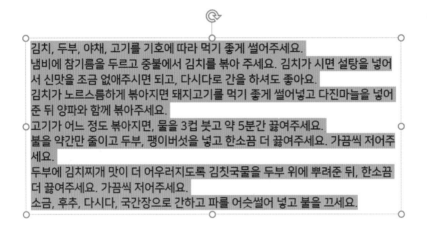

그런 다음 '홈>단락'을 살펴보면 아래 그림처럼 '글머리 기호'와 '번호 매기기' 아이콘을 찾을
수 있습니다.

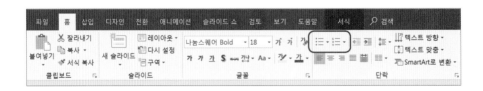

아이콘을 클릭하면 각각 다음 쪽 그림과 같은 메뉴가 나옵니다.

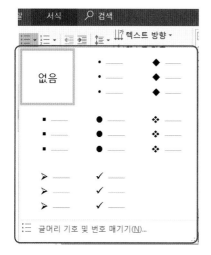

메뉴에서 원하는 기능 아이콘을 선택하면 아래 그림처럼 자동으로 글머리 기호 또는 번호가 매겨집니다.

1. 김치, 두부, 야채, 고기를 기호에 따라 먹기 좋게 썰어주세요.
2. 냄비에 참기름을 두르고 중불에서 김치를 볶아 주세요. 김치가 시면 설탕을 넣어서 신맛을 조금 없애주시면 되고, 다시다로 간을 하셔도 좋아요.
3. 김치가 노르스름하게 볶아지면 돼지고기를 먹기 좋게 썰어넣고 다진마늘을 넣어 준 뒤 양파와 함께 볶아주세요.
4. 고기가 어느 정도 볶아지면, 물을 3컵 붓고 약 5분간 끓여주세요.
5. 불을 약간만 줄이고 두부, 팽이버섯을 넣고 한소끔 더 끓여주세요. 가끔씩 저어주세요.
6. 두부에 김치찌개 맛이 더 어우러지도록 김칫국물을 두부 위에 뿌려준 뒤, 한소끔 더 끓여주세요. 가끔씩 저어주세요.
7. 소금, 후추, 다시다, 국간장으로 간하고 파를 어슷썰어 넣고 불을 끄세요.

6. 단락 위치 변경

여기서 실무 꿀팁 하나! 실무를 하다보면 팀장님이 간혹 이런 지시를 합니다. 아래 문서를 기준으로 보면, 붉은 색 5번 항목을 2번 항목으로 옮기라는 식의 지시 말이지요.

1. 김치, 두부, 야채, 고기를 기호에 따라 먹기 좋게 썰어주세요.
2. 냄비에 참기름을 두르고 중불에서 김치를 볶아 주세요. 김치가 시면 설탕을 넣어서 신맛을 조금 없애주시면 되고, 다시다로 간을 하셔도 좋아요.
3. 김치가 노르스름하게 볶아지면 돼지고기를 먹기 좋게 썰어넣고 다진마늘을 넣어 준 뒤 양파와 함께 볶아주세요.
4. 고기가 어느 정도 볶아지면, 물을 3컵 붓고 약 5분간 끓여주세요.
5. 불을 약간만 줄이고 두부, 팽이버섯을 넣고 한소끔 더 끓여주세요. 가끔씩 저어주세요.
6. 두부에 김치찌개 맛이 더 어우러지도록 김칫국물을 두부 위에 뿌려준 뒤, 한소끔 더 끓여주세요. 가끔씩 저어주세요.
7. 소금, 후추, 다시다, 국간장으로 간하고 파를 어슷썰어 넣고 불을 끄세요.

그럼 우리는 5번 항목 텍스트를 드래그해서 선택한 다음 Ctrl+X로 잘라내기를 하고, 1번과 2번 항목 사이에 엔터를 쳐서 빈 행을 만들어서 Ctrl+V로 잘라낸 항목을 붙여넣기하는 아주 귀찮은 작업을 하게 됩니다. 그런데 이런 경우에 그런 작업을 마법처럼 실행할 수 있는 단축키가 있습니다. 바로 'Alt+Shift+↑ 또는 ↓'입니다. 즉, 5번 항목에 커서를 둔 상태에서 이 단축키를 쓰면 위로 슉슉~ 아래로 슉슉~ 한 번에 이동시킬 수 있습니다. 글머리 기호나 번호도 자동으로 바뀌니 너무 편리한 기능이지요. 파워포인트 2007에도 있었던 기능인데 우리는 왜 여태 활용하지 못했을까요?

이렇게 한 번에!!
1. 김치, 두부, 야채, 고기를 기호에 따라 먹기 좋게 썰어주세요.
2. 불을 약간만 줄이고 두부, 팽이버섯을 넣고 한소끔 더 끓여주세요. 가끔씩 저어주세요.
3. 냄비에 참기름을 두르고 중불에서 김치를 볶아 주세요. 김치가 시면 설탕을 넣어서 신맛을 조금 없애주시면 되고, 다시다로 간을 하셔도 좋아요.
4. 김치가 노르스름하게 볶아지면 돼지고기를 먹기 좋게 썰어넣고 다진마늘을 넣어 준 뒤 양파와 함께 볶아주세요.
5. 고기가 어느 정도 볶아지면, 물을 3컵 붓고 약 5분간 끓여주세요.
6. 두부에 김치찌개 맛이 더 어우러지도록 김칫국물을 두부 위에 뿌려준 뒤, 한소끔 더 끓여주세요. 가끔씩 저어주세요.
7. 소금, 후추, 다시다, 국간장으로 간하고 파를 어슷썰어 넣고 불을 끄세요.

그동안 몰랐던 게 아쉬운 만큼 지금부터라도 제대로 써보자고요! 이밖에도 실무시간을 줄여주는 팁은 무궁무진하니까요!

7. 단락 간격 변경

사실 필자는 앞서 설명한 줄 간격보다 이 기능을 더 추천합니다. 직접 기능을 써보면 어떤 효과가 있는지 알 수 있으니 바로 활용해볼까요? 먼저 아래 그림처럼 텍스트 상자를 선택합니다. 드래그해서 텍스트 내용만 선택하면 해당 영역에만 기능이 적용되므로, 텍스트 상자 자체를 선택해서 모든 텍스트에 기능이 적용되도록 합니다. 그런 다음 '홈>단락' 카테고리 우측 하단에 있는 작은 아이콘을 클릭합니다.

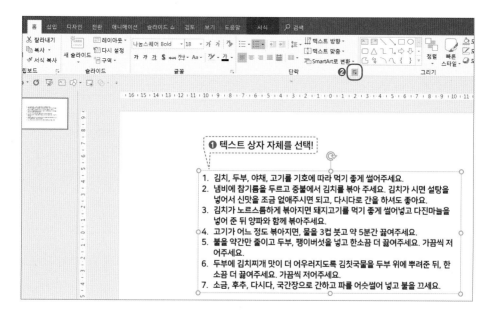

단락 창이 뜨면 간격 카테고리에서 단락 앞·뒤 간격을 8pt씩 적용한 뒤 확인을 누릅니다.

그러면 아래 그림처럼 단락별로 간격이 조절되어 항목별 구분이 쉬워지고 가독성도 훨씬 좋아집니다. 이 기능을 줄 간격과 함께 적절히 활용해서 텍스트 가독성을 높여보세요!

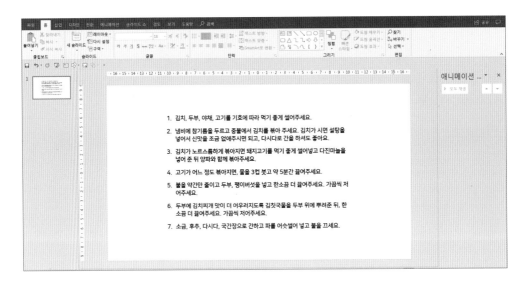

8. 눈금자

파워포인트 문서를 작성하다보면 아래 그림처럼 자동으로 매겨진 번호와 내용 사이의 거리가 너무 멀거나 좁게 표현되는 경우가 있습니다. 이런 경우에 변경을 하고 싶은데 아무리 봐도 메뉴를 찾기 어려웠던 적이 있나요?

1. 김치, 두부, 야채, 고기를 기호에 따라 먹기 좋게 썰어주세요.
2. 냄비에 참기름을 두르고 중불에서 김치를 볶아주세요. 김치가 시면 설탕을 넣어서 신맛을 조금 없애주시면 되고, 다시다로 간을 하셔도 좋아요.
3. 김치가 노르스름하게 볶아지면 돼지고기를 먹기 좋게 썰어넣고 다진마늘을 넣어 준 뒤 양파와 함께 볶아주세요.

이럴 때는 아래 그림처럼 '보기>눈금자'에서 체크표시를 클릭해서 눈금자를 활성화해줍니다.

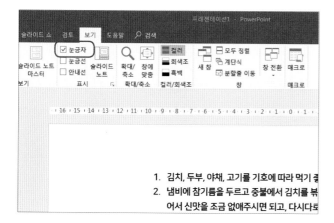

그런 다음 드래그로 간격을 조절할 텍스트의 범위를 지정하고 나서 상단에 있는 눈금자 부분을 보면 총 3가지의 아이콘이 있습니다.

위와 같은 작은 아이콘들의 기능을 이해하면 텍스트 들여쓰기와 내어쓰기를 정말 편하게 할 수 있습니다. 각 아이콘의 의미는 다음과 같습니다.

▽ : 글머리 기호 및 번호 매기기의 시작위치
△ : 본문과 글머리 기호 및 번호 매기기 사이의 간격
□ : ▽ △ 위치를 한 번에 이동

따라서 글머리 기호 또는 번호와 본문 사이의 간격만 조절하고 싶다면 마우스로 △ 아이콘을 잡아끌어서 이동시키면 되고, 전체 들여쓰기나 내어쓰기를 변경하고 싶다면 □ 아이콘을 이동시키면 되겠지요?

9. 텍스트 강조색 2016 2019 MS365

텍스트를 강조하는 방법에는 여러 가지가 있습니다. 많이 알고 있는 기본적인 방법으로는 '굵게', '기울이기', '밑줄긋기', '크기 변경하기', '폰트 변경하기' 등이 있는데요, 이 기능들은 워드프로세서 프로그램(MS워드, 아래아한글 등)에서 쓰이던 매우 오래된 강조법들입니다.

여기서는 지금의 트렌드에 맞는 매우 강력한 텍스트 강조법을 소개하겠습니다. 바로 '텍스트 강조색'입니다. 우선 확인해야 할 사항이 있는데요, 이 기능은 'MS365 구독자 또는 파워포인트 2016 업데이트가 지원되는 버전에서만' 사용할 수 있습니다. 메뉴에 아래 그림과 같은 아이콘이 있어야 가능하다는 것이지요.

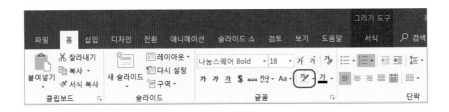

기능을 사용하는 방법은 매우 간단합니다. 아래 그림처럼 기능을 적용할 텍스트 영역을 선택해준 다음 텍스트 강조색 메뉴에서 원하는 색상을 선택하면 끝!

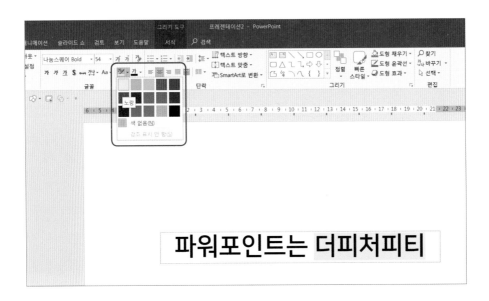

강조하고 싶은 텍스트가 많다면 아래 그림처럼 형광펜으로 칠하듯이 강조해주면 끝! 너~어무 편리하고 유용한 기능인 만큼 앞으로 많이 활용해보세요! 이것이 최신 버전을 사용해야하는 이유 중에 하나입니다!

1. 김치, 두부, 야채, 고기를 기호에 따라 먹기 좋게 썰어주세요.
2. 냄비에 참기름을 두르고 중불에서 김치를 볶아주세요. 김치가 시면 설탕을 넣어서 신맛을 조금 없애주시면 되고, 다시다로 간을 하셔도 좋아요.
3. 김치가 노르스름하게 볶아지면 돼지고기를 먹기 좋게 썰어넣고 다진마늘을 넣어 준 뒤 양파와 함께 볶아주세요.
4. 고기가 어느 정도 볶아지면, 물을 3컵 붓고 약 5분간 끓여주세요.
5. 불을 약간만 줄이고 두부, 팽이버섯을 넣고 한소끔 더 끓여주세요. 가끔씩 저어주세요.
6. 두부에 김치찌개 맛이 더 어우러지도록 김칫국물을 두부 위에 뿌려준 뒤, 한소끔 더 끓여주세요. 가끔씩 저어주세요.
7. 소금, 후추, 다시다, 국간장으로 간하고 파를 어슷썰어 넣고 불을 끄세요.

최신 버전이 아니라서 이런 기능을 사용할 수 없다고 너무 속상해하지는 마세요. 그런 독자들에게 도형으로 같은 효과를 내는 방법을 소개하겠습니다. 먼저 아래 그림처럼 강조하고 싶은 텍스트 위에 '삽입>도형'에서 '사각형'을 삽입한 다음, 도형 서식에서 '선 없음'을 선택하고 도형 내부는 원하는 색으로 채워주세요.

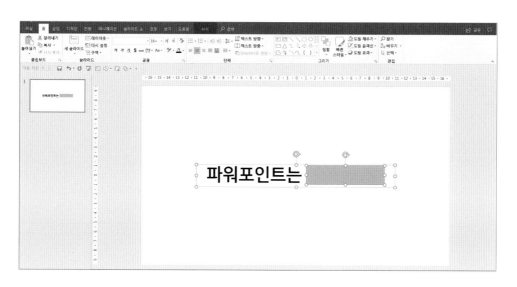

그런 다음 사각형 도형 위에서 마우스 오른쪽 버튼을 클릭해서 '맨 뒤로 보내기'만 선택하면 '텍스트 강조색'과 동일한 효과를 낼 수 있습니다! 최신 기능에 비해 손이 좀 많이 가기는 하지만 텍스트를 멋지게 강조할 수 있으니, 이 방법도 익혀서 활용해보세요!

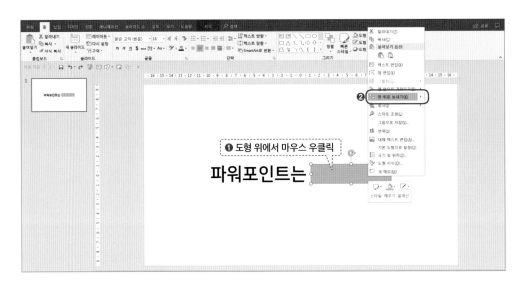

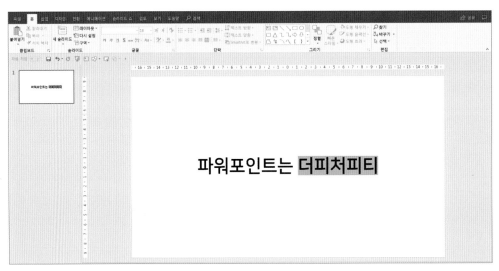

10. 추천! 상업적으로도 무료인 폰트

'폰트(글꼴)'는 문서를 편집할 때 가장 중요한 요소 중 하나입니다. 기존 자료를 리터칭하거나 고도화할 때 폰트만 바꿔도 가독성이 살아나고 세련된 느낌을 줄 수 있습니다. 하지만 그 과정에서 폰트에 대해 잘 모르기도 하고, 라이선스에 대한 인지가 없어서 마구 사용하는 문제가 생길 수 있습니다. 회사에서 유료폰트인지 모르고 함부로 사용했다가는 비싼 벌금을 물 수도 있습니다. 그러면 폰트를 어떻게 사용해야 할까요?

기본적으로 폰트는 각각의 라이선스가 다르기 때문에 유료폰트인지 무료폰트인지를 반드시 확인하고 사용해야 합니다. 아래 사례들처럼 무료사용 허가로 배포되는 폰트들도 사용목적에 따라 무료범위가 달라지거든요. 따라서 폰트사용이 무료라고 기재되어 있더라도, 개인적 용도로 사용할 때만 무료인지, 상업적 활용이 가능한지, 간판이나 출력물에 사용할 수 있는지, 로고로 활용할 수 있는지 등 사용 전에 살펴봐야 내용들이 굉장히 많습니다.

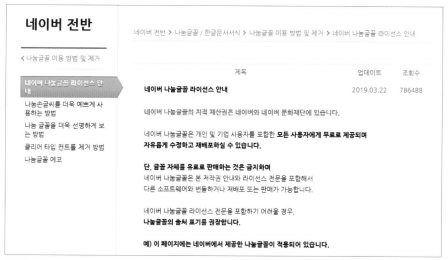

〈출처 : 네이버 고객센터, 네이버 나눔글꼴 라이선스 안내〉

사용범위	수정/개작 가능여부	출처 필수표기
인쇄물 / 광고물(온·오프라인)	O	X
상품	X	O
CI / BI	O	X

〈출처 : 여기어때 홈페이지, 여기어때 잘난체 라이선스〉

이렇게 폰트를 함부로 사용하면 벌금을 물 수도 있다고 하니 라이선스 확인을 하기는 해야 겠는데, 폰트별로 일일히 확인하려니 너무 힘이 듭니다. 그래서 필자가 추천 무료폰트를 정리해봤습니다! 그것도 제목용, 본문용, 포인트용으로 카테고리를 나눠서 말이지요!

① 제목용

제목용은 큼직하고 굵어서 한눈에 들어오고, 크기가 큰 폰트일수록 가독성이 좋습니다. 반면에 이렇게 두껍고 굵은 폰트를 본문용으로 사용하면 오히려 가독성이 떨어지므로, 표지나 상단 제목에만 사용하는 것이 좋아요!

> **무료 폰트 추천 [제목] : 레시피코리아체**
> **무료 폰트 추천 [제목] : tt투게더체**
> **무료 폰트 추천 [제목] : 여기어때 잘난체**
> **무료 폰트 추천 [제목] : 쿠키런체**
> **무료 폰트 추천 [제목] : 배달의민족 을지로체**

② 본문용

본문용은 반듯하고 글자에 획이 없는 계열(산세리프체 - 고딕, 돋움계열)이 가독성이 좋습니다. 본문에는 글자 수가 많기 때문에 반드시 가독성이 좋은 폰트를 사용해야 해요.

> 무료 폰트 추천 [본문] : 나눔바른고딕체
> 무료 폰트 추천 [본문] : 나눔스퀘어체
> 무료 폰트 추천 [본문] : KOPUB돋움체
> 무료 폰트 추천 [본문] : NOTO SANS CJK KR

③ 포인트(강조)용

포인트용 폰트는 폰트 자체에 디자인 요소가 있어 멋스러운 내용, 강조하고 싶은 내용 등에 사용하기 좋습니다. 반면에 폰트 가독성이 많이 떨어지기 때문에 텍스트가 많은 내용에 사용할 때는 주의해야 해요.

> 무료 폰트 추천 [손글씨체] : 카페24 빛나는 별
> 무료 폰트 추천 [손글씨체] : 더페이스샵 잉크립퀴드체
> 무료 폰트 추천 [손글씨체] : 배달의민족 연성체
> 무료 폰트 추천 [손글씨체] : 상상토끼 꽃길체
> 무료 폰트 추천 [손글씨체] : 산돌초록우산 어린이체

④ 팁

이밖에 더 다양하고 많은 상업용 무료폰트를 다운받고 싶다면 다음과 같은 상업용 무료 한글폰트 사이트인 '눈누(https://noonnu.cc)'에 방문해보세요. 다양한 상업적 무료폰트들이 잘 정리되어 있습니다. 하지만 폰트는 다다익선이 아니므로, 아직 폰트에 대해 잘 모르겠다면 필자가 추천한 폰트들을 우선 사용해보기를 권합니다. 그 폰트들만 사용해도 문서를 멋지고 깔끔하게 편집하는 데 충분하니까요!

이제 폰트를 설치해보겠습니다. 방법은 간단합니다. 다운받은 폰트를 더블 클릭한 뒤 '설치' 버튼을 클릭하면 설치가 완료됩니다.

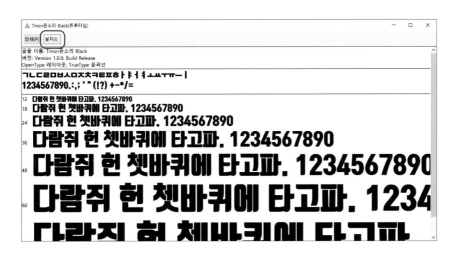

다만 위와 같은 설치방법은 한 번에 설치할 폰트 개수가 많은 경우에는 너무 비효율적입니다. 그래서 폰트를 일괄설치하는 방법을 소개하겠습니다. 아래 그림처럼 설치할 폰트들만 하나의 폴더에 넣어두고 전체 선택을 한 다음 마우스 오른쪽 버튼을 눌러서 '설치' 버튼을 클릭합니다. 이렇게 하면 폰트가 100개든 200개든 한 번에 설치가 완료됩니다.

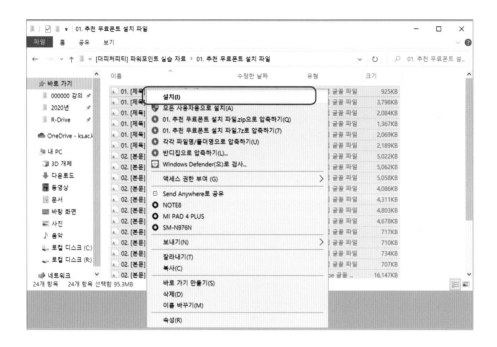

컴퓨터를 포맷할 때도 내 폰트를 미리 백업해놓았다가 포맷 후 위와 같은 방법으로 일괄 설치하면 된답니다. 내 컴퓨터에 설치된 폰트를 확인하고 백업하려면 아래 그림처럼 C:₩Windows₩Fonts 경로의 폴더를 참고하세요.

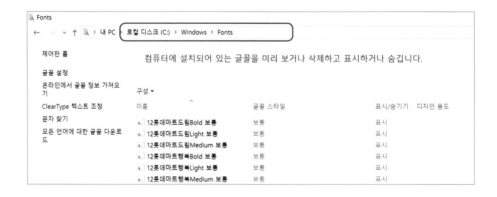

11. 텍스트 관련 단축키 소개

작업속도를 높이는 방법 중 하나는 마우스 사용을 최소화하고 단축키를 활용해 빠르게 기능을 설정하는 것입니다. 텍스트 관련 단축키를 잘 활용해서 작업속도를 높여보세요! 물론 단축키보다 마우스로 아이콘을 클릭하는 방식이 더 편한 사람이라면 꼭 단축키를 사용하지 않아도 됩니다. 단축키 사용은 어디까지나 개인의 성향이니까요. 텍스트와 관련한 주요 단축키는 다음과 같습니다.

기능	단축키		기능	단축키
텍스트 전체 선택	Ctrl + A		텍스트 크기 변경	Ctrl +], [Ctrl + Shift + 〉, 〈
텍스트 굵게	Ctrl + B			
텍스트 밑줄	Ctrl + U		단락위치 올리기	Alt + Shift + ↑
텍스트 기울이기	Ctrl + I		단락위치 내리기	Alt + Shift + ↓
정렬 : 왼쪽	Ctrl + L		대/소문자 변경	Shift + F3
정렬 : 중앙	Ctrl + E		텍스트 일괄 변경	Ctrl + H
정렬 : 오른쪽	Ctrl + R			
정렬 : 양쪽	Ctrl + J			

07 도형

파워포인트에서 도형은 인포그래픽(정보를 시각화하여 빠르고 효과적으로 전달하는 것)을 위해 너무나 중요한 개체입니다. 그런데도 도형의 엄청난 기능들을 모른채 원, 네모, 세모만 쓰거나, 하트, 별, 사칙연산 등의 기본 형태만 쓰는 경우가 많습니다. 도형에 숨겨진 기능과 활용방법에 대해 알아볼까요?

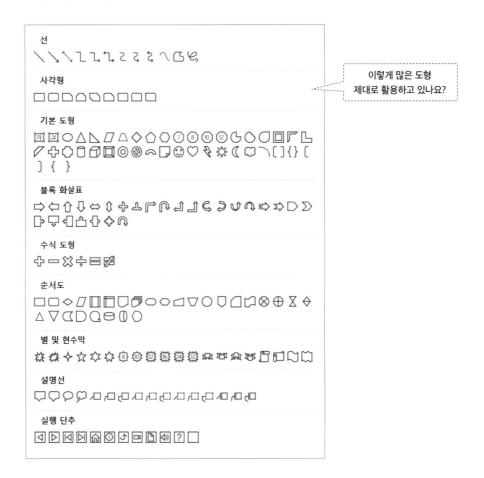

이렇게 많은 도형 제대로 활용하고 있나요?

1. 노란 핸들 조절점

2007 2010 2013 2016 2019 MS365

도형을 삽입한 뒤 해당 도형을 클릭해보면 아래 그림처럼 크기를 변경하는 흰색 조절점이 보입니다. 이러한 조절점은 모든 도형에서 볼 수 있습니다.

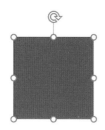

그런데 혹시 특정 도형을 클릭했을 때 흰색 조절점 외에 아래 그림과 같은 노란색 핸들점을 본 적이 있나요? 이것은 모든 도형에 나오지는 않고 특정 도형을 선택했을 때만 볼 수 있습니다.

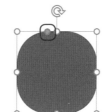

정확한 명칭은 '노란 핸들 조절점'이라고 하는데요, 이 조절점을 클릭한 다음 좌우로 드래그하면 도형의 모양이 바뀌는 것을 볼 수 있을 거에요. 이런 기능을 이용하면 다음 쪽 사례들처럼 도형으로 많은 작업과 다양한 콘텐츠를 만들 수 있습니다.

PART 1 | 기초기 다지기

PART 2 | 이럴 땐, 이렇게 - 실전 자료 마스터링 & 컨설팅

부록 | 파워포인트 추천사이트 소개

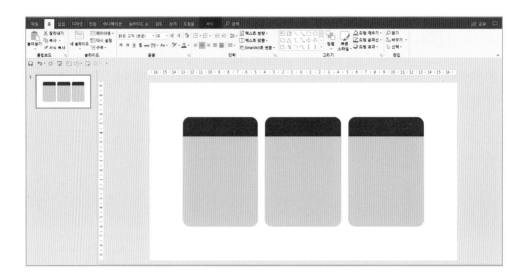

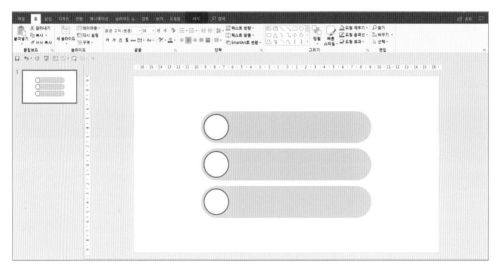

더 많은 예제와 활용방법에 대해서는 'Part 2'를 기대해주세요. 이 기능들을 이용해서 다양한 자료를 작성해볼 거에요!

2. 점 편집

2007 2010 2013 2016 2019 MS365

도형모양을 바꾸는 방법으로는 어떤 것들이 있을까요? 방금 알게 된 노란 핸들 조절점을 활용하는 것 외에 다른 방법은 없을까요? 네, 있습니다. 그 중 하나가 바로 '점 편집' 기능입니다. 어떤 기능인지 직접 도형을 삽입해서 알아보겠습니다. 먼저 아래 그림처럼 기본 직사각형을 삽입한 뒤에 도형 개체 위에서 마우스 오른쪽 버튼을 클릭해보겠습니다.

그럼 '점 편집'이라는 메뉴가 보일 거에요(파워포인트 2007에서 '점 편집' 메뉴를 활성화하는 방법은 74쪽 참조). 자주 봤지만 한 번도 안 눌러본 기능 중 하나입니다. 한 번 클릭해볼까요?

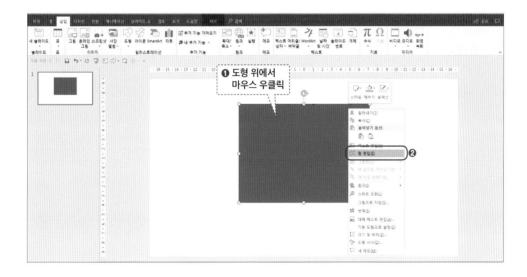

클릭해보니 아래 그림처럼 도형의 선과 선이 맞물리는 곳, 즉 모서리에 검은색 점이 생긴 것이 보이네요.

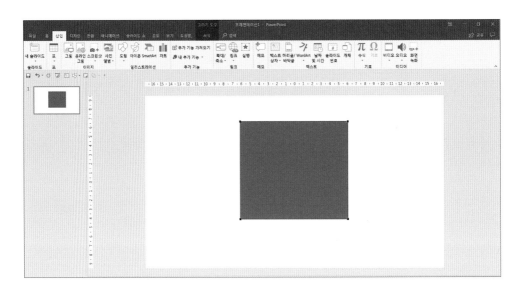

그럼 검은색 점 중에 하나를 클릭해서 이동시켜볼까요? 그랬더니 아래 그림처럼 마우스로 드래그한 쪽으로 도형모양이 바뀌고, 클릭한 점 주변에 네모난 점이 생긴 것이 보이네요. 참고로 이 네모난 점은 다른 모서리의 검은색 점을 클릭하면 그 주변에 나타나게 됩니다.

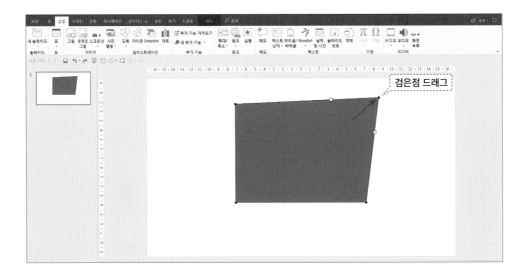

이 네모난 점을 잡고 올리고 내리면 아래 그림처럼 굴곡을 만들 수 있습니다. 어도비 일러스트레이터에서만 쓸 수 있던 기능을 파워포인트로 구현할 수 있다니 놀랍지 않나요?

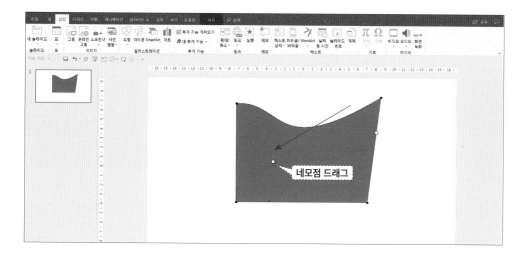

여기서 끝이 아니에요. 이번에는 검은점 위에서 마우스 오른쪽 버튼을 눌러보겠습니다. 이때는 당연히 '점 편집' 모드에서 진행해야 합니다. 버튼을 눌러서 활성화한 메뉴를 보니 '점 추가, 점 삭제, 경로 열기, 부드러운 점, 직선 점, 꼭지점, 끝내기' 기능이 보이네요. 점 편집 기능으로 단순히 모양을 바꾸고 굴곡을 만드는 것뿐만 아니라 더 많은 작업을 할 수 있다는 사실을 알 수 있어요.

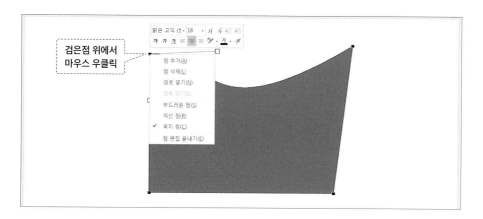

'점 편집'은 매우 유용하지만 손이 많이 가는 기능이므로 파워포인트가 익숙하지 않다면 기능만 간단히 이해하기를 추천합니다. 파워포인트가 익숙해지고 자신감이 생겼을 때 기능을 깊게 알아보면 더욱 멋진 파워포인트 활용이 가능할 거예요.

Tip | **파워포인트 2007에서 '점 편집' 메뉴 활성화하는 방법**

파워포인트 2007에서는 아래 그림처럼 '점 편집' 메뉴가 바로 보이지 않습니다.

점 편집 메뉴를 활성화하려면 도형을 삽입하고나서 아래 그림처럼 도형을 선택한 다음 '서식> 도형 편집'에서 '자유형으로 변환'을 클릭합니다.

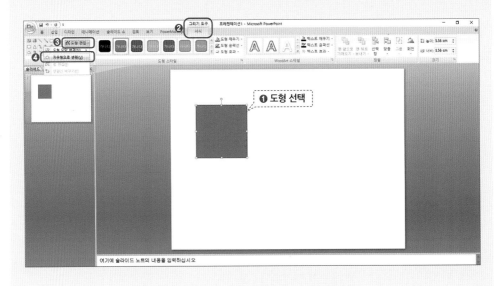

그런 뒤에 다시 도형을 클릭하고 마우스 오른쪽 버튼을 클릭하면 아래 그림과 같이 점 편집을
사용할 수 있습니다.

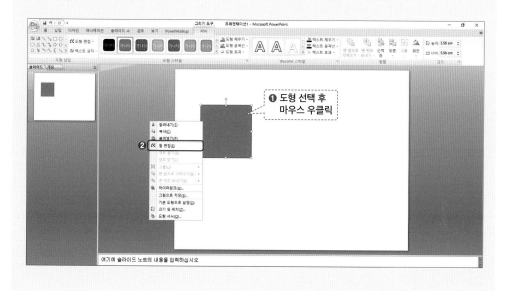

3. 도형 병합

2010 2013 2016 2019 MS365

파워포인트 2013부터 추가된 '도형 병합'은 정말 강력한 기능입니다. 노란 핸들 조절점과 점
편집 기능이 도형의 형태를 변형하는 수준이었다면, 도형 병합은 새로운 도형을 창조해낼
수 있는 기능이기 때문이지요. 게다가 도형뿐만 아니라 파워포인트의 다양한 개체들에도
적용되기 때문에 포토샵과 일러스트레이터 없이 파워포인트만으로도 시각적 자료를 마음
껏 만들어낼 수 있습니다. 참고로 파워포인트 2010에는 도형 병합이 아닌 '셰이프 병합'이라
는 기능이 있습니다. 해당 기능을 활성화하는 방법은 82쪽 팁을 참조하세요. 그럼 병합기능
이 무엇인지 살펴볼까요?

먼저 사각형 도형을 삽입한 뒤에 'Ctrl+드래그'로 도형을 복사해줍니다. 이때 가장 중요한 핵심은 아래 그림처럼 도형끼리 '겹쳐진 부분'이 있게 배치해야 한다는 것입니다. 도형 병합 기능의 핵심이 '겹쳐진 부분을 활용해서 새로운 자료를 만들어내는 데' 있기 때문이지요. 또 하나의 핵심은 도형을 선택할 때는 '왼쪽 도형을 첫 번째, 오른쪽 도형을 두 번째에' 선택해야 한다는 것입니다.

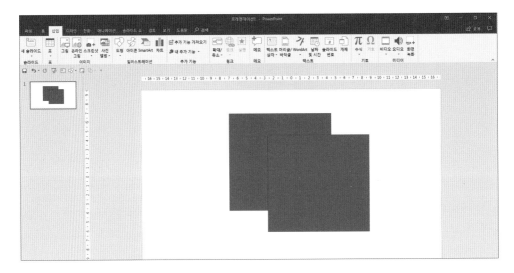

왼쪽 도형을 먼저 선택한 뒤, Shift 키를 누르고 오른쪽 도형을 선택하면 아래 그림처럼 2개의 도형이 한꺼번에 선택됩니다. 그런 뒤에 상단 메뉴에서 '서식'을 클릭하고 왼쪽 메뉴를 살펴보면 '도형 병합'을 찾을 수 있습니다.

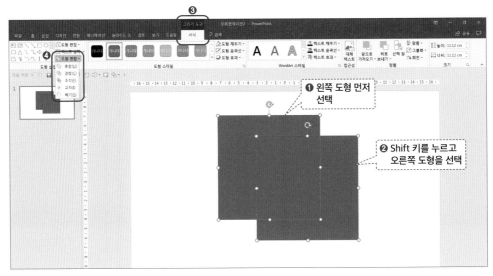

도형 병합 메뉴의 각 기능을 클릭해보면 아래 그림과 같은 결과를 확인할 수 있습니다.

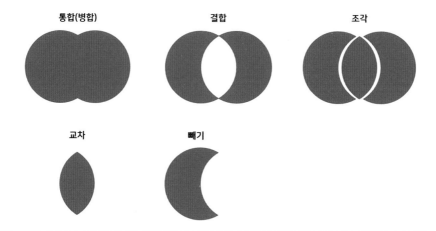

- 통합(병합) : 겹쳐진 부분의 합집합
- 결합 : 겹쳐진 부분(교집합)을 빼기
- 조각 : 겹쳐진 부분을 조각내기
- 교차 : 겹쳐진 부분의 교집합
- 빼기 : 가장 먼저 선택한 개체를 두고, 나머지 개체를 빼기

이 중에서 조각기능을 활용해서 아래 그림처럼 3개의 메시지가 모여 하나의 핵심적인 의미가 강조되는 자료를 만들어보겠습니다. 기업의 핵심가치를 표현하거나 인포그래픽 이력서에 활용하기 좋은 자료인데요, 3분이면 만들 수 있습니다. 진짜로요!!

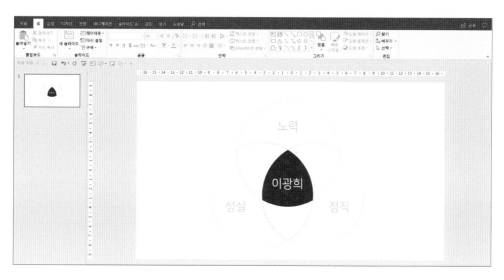

먼저 아래 그림처럼 원 모양을 Shift 키를 누른 상태에서 드래그해 그려서 정원을 삽입한 다음 'Ctrl+드래그'로 같은 원 모양을 복사해서 서로 겹쳐지게 배치하세요.

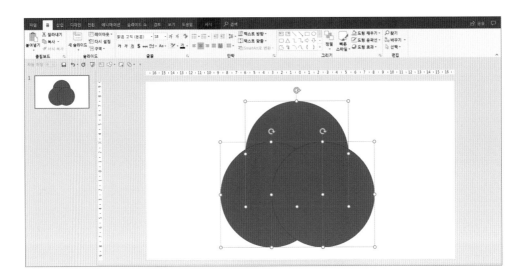

도형에 색이 있으면 자료 작성에 헷갈릴 수 있고, 어차피 전체 색을 '없음'으로 해야 하므로 아래 그림처럼 색상을 미리 '없음'으로 설정하세요.

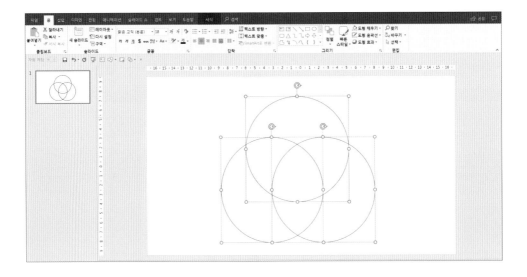

도형을 모두 선택한 다음 '서식>도형 병합'에서 '조각' 기능을 클릭하면 겹쳐진 부분이 산산 조각이 납니다.

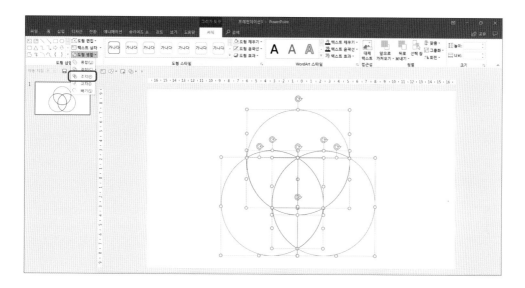

도형이 어떻게 조각났는지 궁금하면 아래 그림처럼 조각난 개체들을 움직여서 확인해보세요.

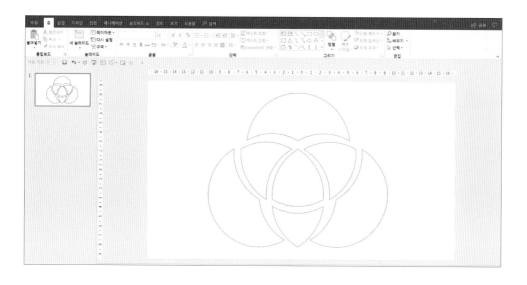

도형의 선은 '너비 0.5pt, 밝은 회색'으로 변경해주세요. 중요하지 않은 부분에 힘을 빼는 디자인이에요. 그런 다음 아래 그림처럼 가운데 핵심부분만 선택해서 원하는 색을 적용해줍니다.

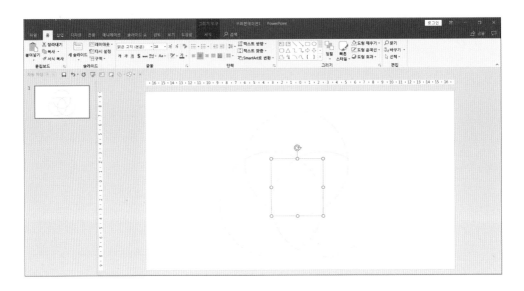

짜잔! 가운데 핵심이 강조된 자료를 만들었습니다.

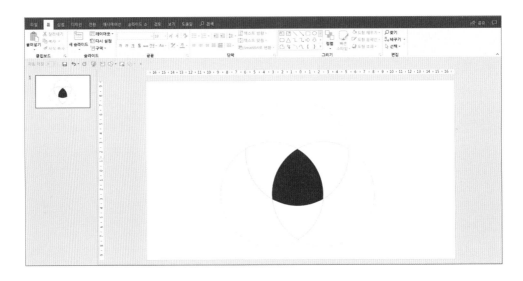

이제 텍스트 상자를 삽입해서 내용을 넣어주면 모든 작업이 완료됩니다.

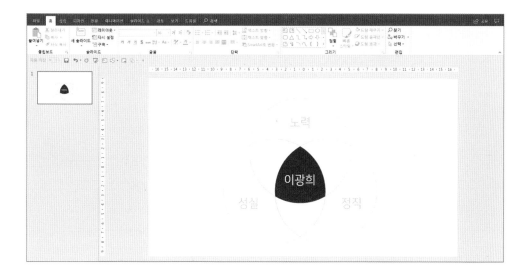

간단한 기능이지만 시각적으로 표현되어 정보전달력이 뛰어나겠지요? 더 이상 인터넷에서 가져온 자료를 덧붙여 넣지 말고, 도형 병합 기능으로 내가 원하는 시각적 자료를 마음껏 만들어보세요!

Tip | **파워포인트 2010에서 '셰이프 병합' 기능 활성화하는 방법**

리본메뉴 영역에서 마우스 오른쪽 버튼을 클릭하고 '빠른 실행 도구 모음 사용자 지정'을 선택합니다.

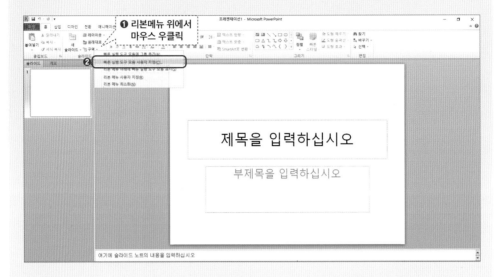

좌측 상단에 있는 '다음에서 명령 선택'에서 '많이 사용하는 명령'을 클릭합니다.

'모든 명령'을 선택하고 '셰이프 결합'을 찾습니다. 셰이프 결합 메뉴는 2가지가 있는데 그 중 첫 번째 것을 선택해주세요.

'추가' 버튼을 클릭한 뒤 '확인'을 눌러줍니다.

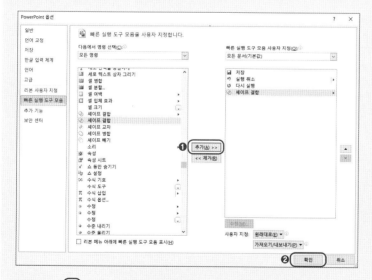

위와 같이 설정하고나서 파워포인트 화면 좌측 상단에 있는 빠른 실행 도구 모음 아이콘을 살펴보면 '셰이프 병합' 메뉴가 추가되었음을 확인할 수 있습니다. 다만 파워포인트 2010의 셰이프 병합에는 '조각' 기능이 없고, '도형'끼리만 해당 기능들을 적용할 수 있습니다.

4. 그라데이션

2007 2010 2013 2016 2019 MS365

그라데이션 기능은 파워포인트 초기 버전부터 있었습니다. 이 기능을 잘 활용하면 자료에 다양한 효과를 낼 수 있기는 한데, 제대로 사용하기가 여간 어렵지 않습니다. 기능을 적용하기는 쉬운데 사용법이 너무나 불편하게 되어 있기 때문이지요. 우선 그라데이션이 어떤 기능인지부터 알아보겠습니다. 아래 그림처럼 '삽입〉도형'에서 사각형을 길~게 삽입해주세요.

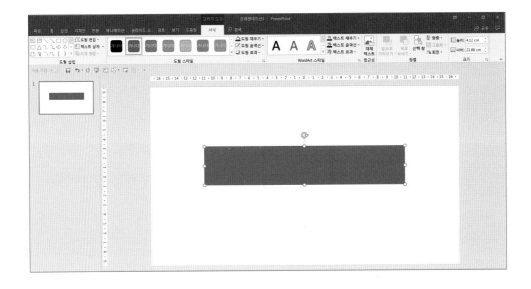

삽입한 도형 위에서 마우스 오른쪽 버튼을 클릭해서 '도형 서식'을 선택하고, 좌측 그림처럼 '채우기〉그라데이션 채우기' 순으로 선택합니다.

여기서 우리는 매우 혼란하고 많은 옵션들을 발견할 수 있습니다. 머릿속에 원하는 디자인은 정해져 있는데 당최 저 옵션들을 어떻게 사용해야 하는지 모르겠습니다. 그러다보니 이것저것 누르다가 이상한 디자인이 나와서 다시 지워버리기 일쑤입니다. 비효율적인 시간낭비가 생기는 것이지요.

자, 이제 그라데이션을 제대로 활용하는 방법을 알아보겠습니다. 우선 아래 오른쪽 그림처럼 중지점은 좌우 2개만 남기고 지워버립니다. 지우는 방법은 가운데 중지점을 선택한 다음 Delete 키를 누르거나 × 표시가 된 연필모양 아이콘을 누르면 됩니다.

아래 그림처럼 좌우 중지점 색상을 빨간색과 파란색으로 지정합니다.

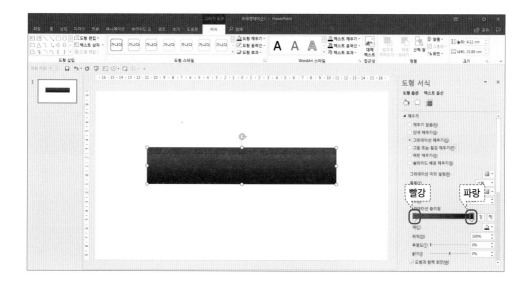

아직까지는 혼란스럽지요? 이게 뭔가 싶지만, 여기서 아래 그림처럼 각도를 '0도'로 바꿔주면 그라데이션 중지점의 디자인과 도형의 디자인이 일치하는 것을 알 수 있어요. 그동안 우리에게 그라데이션이 너무 어려웠던 이유가 '너무 많은 중지점'과 '각도' 때문이었어요.

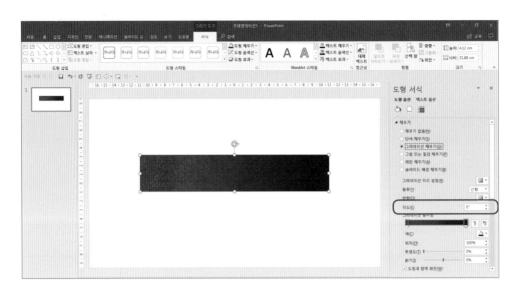

여기서 하나 더 알고 가요! 아래 그림처럼 원을 그리고 위와 같은 방법으로 작업을 진행하세요.

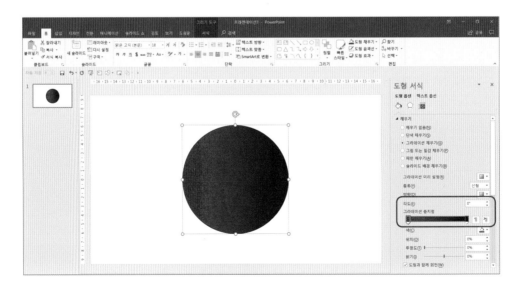

아래 그림과 같은 '방향'이라는 기능을 이용하면 그라데이션의 각도를 빠르게 변경할 수 있습니다. 각도가 변경되면 그라데이션을 활용하기 어려워져서 추천하지는 않지만, 각도를 유용하게 활용할 수 있는 경우가 있어요

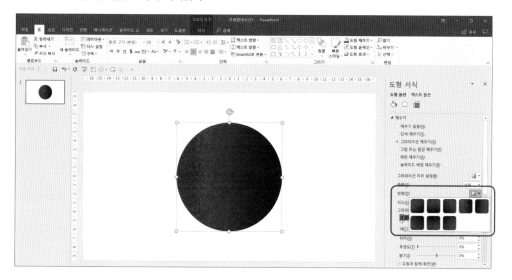

아래 그림처럼 '종류'는 '방사형', '방향'은 '가운데에서'로 바꿔주면 도형의 중심이 밝게 강조되는 그라데이션 효과(로모 효과)를 줄 수 있습니다.

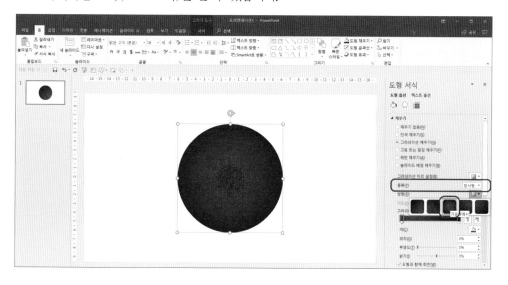

나머지 그라데이션 기능은 하나씩 클릭해가며 이해해보세요. 다만 실무자료를 작성할 때는 위에서 설명한 '선형 도형'에 '각도 0도', '방사형', '가운데에서'를 적용하는 것만으로도 충분한 효과를 낼 수 있으므로, 이것만 꼭 기억해주세요.

5. 도형 관련 기타 기능

① 도형 모양 바꾸기 ☑ 2007 | 2010 | 2013 | 2016 | 2019 | MS365

특정 디자인 속성을 적용한 도형의 모양만 바꾸고 싶을 때는 '홈>서식 복사' 기능을 활용할 수 있습니다. 하지만 이 기능을 활용하려면 '원하는 모양의 도형 선택 → 서식 복사 → 모양 변경을 적용할 개체 선택'이라는 과정을 일일이 거쳐야 하는 번거로움이 있습니다. 여기서는 이보다 쉽고 간단한 방법을 알아보겠습니다.

아래 그림처럼 모양을 변경할 도형을 선택한 다음 '서식>도형 편집>도형 모양 변경'을 클릭해서 원하는 도형 모양을 선택합니다.

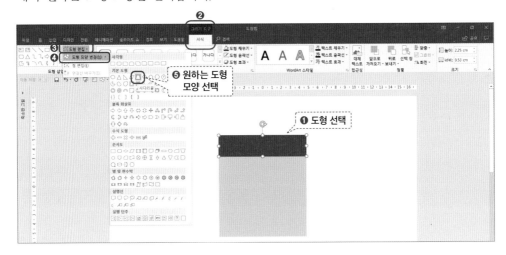

아래 그림을 보면, 도형의 디자인 속성은 그대로인데 모양만 쏙~ 바뀌었지요?

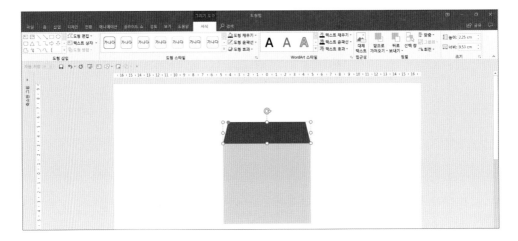

② 도형에 텍스트 배치하기

☑ 2007 | 2010 | 2013 | 2016 | 2019 | MS365

도형에 텍스트를 배치하는 방법은 2가지가 있습니다. 도형 내부에 텍스트를 넣는 방법과 도형 위에 별도의 텍스트 상자를 배치하는 방법이지요.

첫번째 방법은 아래 그림처럼 텍스트를 삽입할 도형 위에서 마우스 오른쪽 버튼을 클릭하고 '텍스트 편집'을 선택한 다음 입력하면 됩니다.

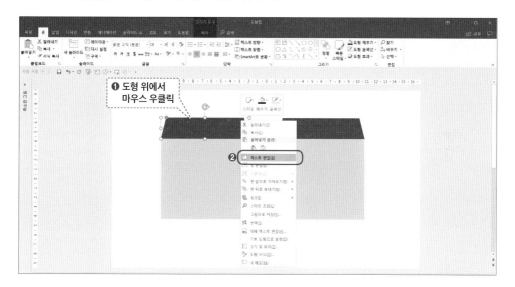

그런데 위의 경우 도형 내부에 바로 텍스트를 쓸 수 있어 편리하기는 하지만, 텍스트를 원하는 위치로 이동시키기 어렵다는 단점이 있습니다. 이럴 때는 아래 오른쪽 그림처럼 도형과 텍스트 상자를 따로 배치하는 방법을 활용하면 텍스트를 원하는 위치로 자유롭게 이동시킬 수 있습니다.

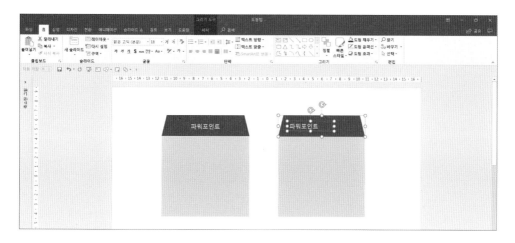

하지만 위의 두 번째 방법을 활용할 때는 주의할 사항이 있습니다. 도형 위에 텍스트 상자를 배치하기 위해 '삽입>텍스트 상자'를 클릭하고 원하는 모양의 텍스트 상자를 선택한 다음, 아래 그림처럼 '도형 위에' 커서를 두고 클릭하면 첫 번째 방법인 '도형 내 텍스트 편집' 모드가 된다는 것입니다!

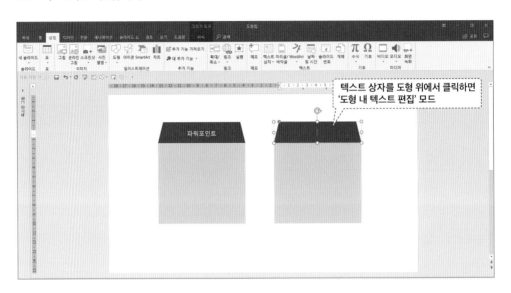

이럴 때 해결방법은 간단합니다. 커서를 도형 바깥쪽, 즉 '슬라이드 빈 공간'에 두고 클릭해서 텍스트 상자를 만든 다음 도형 위에 포개주면 됩니다. 간단하지만 아무도 알려주지 않았던 기능이지요? 팀장님도 모르실 거에요. 우리만 알고 편리하게 사용하도록 해요!

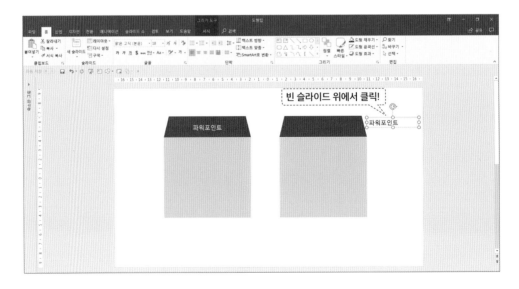

08 사진

우리가 자료를 볼 때 가장 먼저 시선이 향하는 곳은 텍스트가 아닌 '시각적인 개체'입니다. 파워포인트의 주요 개체로는 텍스트, 도형, 사진, 아이콘, 차트, 표 등이 있는데, 그 중 사용이 쉬우면서도 빨리 작성할 수 있고 정보전달력도 높은 것은 단연 '사진'입니다. 사진은 인터넷에서 쉽게 구할 수도 있고, 디지털카메라나 스마트폰으로 원하는 사진을 만들어낼 수도 있지요. 파워포인트에서 사진을 편집하는 기능은 딱 3가지만 알면 됩니다. 딱 3가지만요!

사진을 클릭하면 화면 상단에 서식메뉴가 뜨는데, 그 중에서 '자르기'를 누르면 아래 그림처럼 우리가 꼭 알아야 할 3가지 기능, 즉 '자르기', '도형에 맞춰 자르기', '가로 세로 비율'이 보입니다. 여기서는 메뉴의 역순으로 기능을 하나하나 살펴볼게요!

1. 사진 편집

① 가로 세로 비율에 맞춰 자르기 ☑ 2010 | 2013 | 2016 | 2019 | MS365

다음 쪽 그림처럼 픽사베이에서 '회의'라는 키워드로 사진을 검색해서 파워포인트에 삽입해 줍니다(pixabay.com/ko/photos/회의-사업-건축가-사무실-2284501). 똑같은 사진이 아니어도 상관없으니 원하는 사진을 이용하면 됩니다. 다만 사진은 크게 쓸수록 시각적인 효과가 커지며, 특히 표지의 경우 사진을 전체 화면에 꽉 채워 쓰는 것이 좋습니다.

사진을 전체 화면에 꽉 채워 사용하려면 현재 편집화면 비율에 맞게 사진을 자른 다음 전체 화면에 꼭 들어맞게 크기를 늘려주면 됩니다. 아래 그림처럼 사진을 선택하고 '그림 서식'에서 '자르기>가로 세로 비율'을 클릭해서 현재 여러분이 사용하고 있는 파워포인트 비율을 선택해주세요. 참고로 파워포인트의 기본화면 비율에 대해서는 94쪽 팁을 참조해주세요.

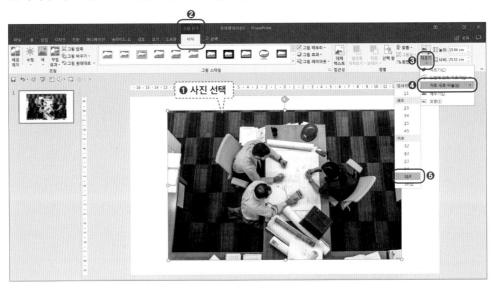

비율에 맞춰 자르고 나서 결과를 보면 사진이 밝은 영역과 어두운 영역으로 구분되어 있음을 확인할 수 있습니다. 여기서 밝은 영역은 '남는 영역'이고, 어두운 영역은 '잘려나간 영역'이에요. 이 상태에서 바로 Esc 키를 눌러서 편집을 종료해줍니다.

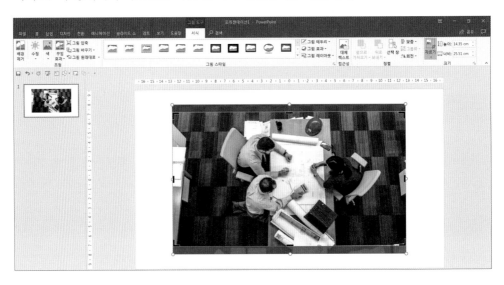

그런 다음 'Ctrl+Shift' 키를 누른 상태에서 사진의 모서리를 잡고 크기를 늘려주니 아래 그림처럼 현재 편집화면에 딱 맞게 배치가 되었네요. 간단하고 빠르게 사진을 전체 화면에 채워서 배치할 수 있는 기능입니다.

참고로 아래 그림은 파워포인트 2010의 화면비율인 4:3 비율로 사진을 잘라서 전체 화면에 채운 사례예요.

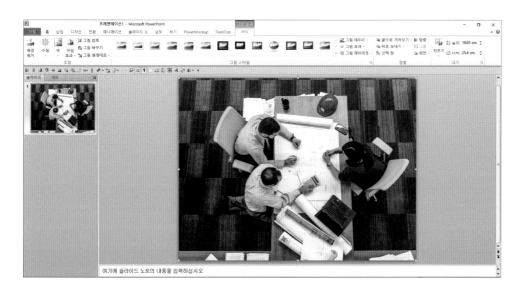

Tip | **파워포인트 버전에 따른 화면비율 차이**

파워포인트의 기본 화면비율은 버전에 따라 다소 차이가 있습니다. 파워포인트 2010 이하 버전은 아래 상단 그림처럼 '4:3' 비율이었으며, 2013 이상 버전부터는 하단 그림처럼 '16:9' 비율로 변경되었습니다.

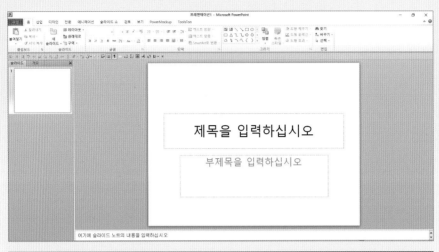

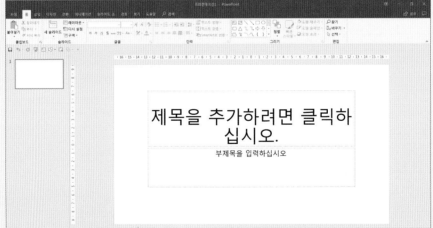

그냥 A4 용지에 맞춰 설정하면 될 텐데 왜 4:3 또는 16:9 비율로 되어 있을까요? 그 이유는 파워포인트가 사무문서 작성용이 아닌 '발표용' 프로그램이기 때문입니다. 발표할 때 파워포인트 자료는 보통 프로젝터를 통해 모니터나 스크린으로 보여주게 됩니다. 이때 사용되는 프로젝터 화면비율이 과거에는 아날로그방식인 4:3 비율을 지원했고, 지금은 디지털방식인 16:9 비율을 지원하고 있습니다. 그래서 파워포인트의 기본화면 비율 역시 과거에는 4:3 비율을 지원하다가 지금은 16:9 비율을 지원하고 있는 것이지요.

② 도형에 맞춰 자르기

파워포인트에서의 사진 편집은 너무나 쉽고 자유롭습니다. 다만 많은 사람들이 몇 가지 기능을 몰라서 네모난 사진을 있는 그대로 활용하고 있습니다. 자, 이제 앞의 사례와 동일한 사진을 이용해서 사진을 원하는 모양으로 마음껏 활용하는 방법을 알아보겠습니다. 아래 그림처럼 사진을 선택하고 '그림 서식>자르기>도형에 맞춰 자르기'에서 '타원'을 선택해주세요.

자, 네모난 사진이 선택한 도형 모양에 맞춰 잘려나갔습니다.

이 밖에도 아래 사례들처럼 사진을 다양한 도형의 형태로 만들 수 있습니다.

③ 정각형 비율에 맞춰 자르기

☑ 2010 | 2013 | 2016 | 2019 | MS365

도형에 맞춰 자르기를 하면 현재 사진의 비율대로 잘리게 됩니다. 즉, 앞의 사례처럼 현재 사진이 16:9 비율이므로 16:9 비율의 타원 모양으로 잘린 형태를 확인할 수 있습니다. 그런데 도형은 '정각형'일 때 안정적이고 보기도 좋습니다. 어떻게 하면 정원으로 사진을 자를 수 있을까요?

방법은 매우 간단합니다. 아래 그림처럼 타원으로 잘린 사진을 선택하고 '그림 서식>자르기 >가로 세로 비율'에서 '1:1'을 선택하면 16:9였던 타원의 비율이 1:1이 되면서 '정원'으로 바뀝니다. 그런 다음 Esc 키를 눌러서 편집을 완료해주세요.

④ 자르기

이번에는 '자르기' 메뉴 중 '자르기' 기능을 활용하는 방법을 알아볼게요. 먼저 아래 그림처럼 사진크기를 줄인 다음 사진을 선택하고 '그림 서식>자르기>자르기'를 클릭하면 사진 자르기 모드가 됩니다.

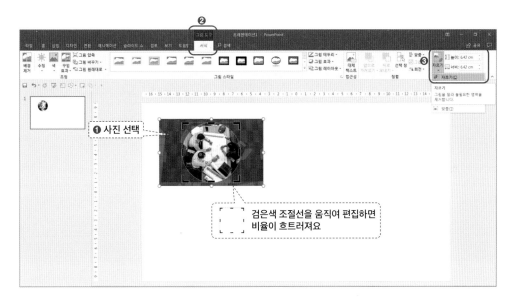

● 사진 선택

검은색 조절선을 움직여 편집하면 비율이 흐트러져요

파워포인트에서 사진 편집을 하면 사진이 잘려나간 것처럼 보이지만, 파워포인트에서 이 잘려나간 부분을 모두 기억하고 있기 때문에 추가적인 편집을 하기가 매우 편리합니다. 여기서 한 가지 주의할 사항은 위의 그림에서 검은색 진한 조절선(⠇)을 움직여 편집하지 않아야 한다는 거에요. 그 조절선을 움직이면 1:1 정원으로 잘라둔 도형의 모양이 흐트러지기 때문이지요.

위의 사진을 보면, 상하좌우 모서리에 흰색 동그란 크기 조절점이 보입니다. 우리는 이 크기 조절점을 변경할 거에요. 다음 쪽 그림처럼 우측 하단 모서리 부분을 클릭해서 Shift 키를 누른 상태(비율을 고정하며 크기 변경)에서 크기를 변경해주세요.

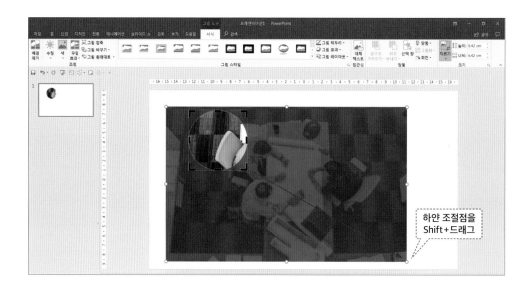

그런 다음 원하는 부분만 보이도록 사진을 드래그해서 이동시켜줍니다.

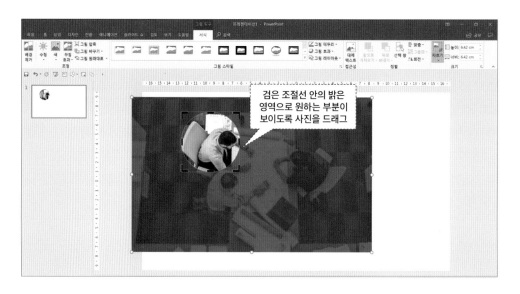

그 상태에서 Esc 키를 눌러서 사진편집을 끝냅니다.

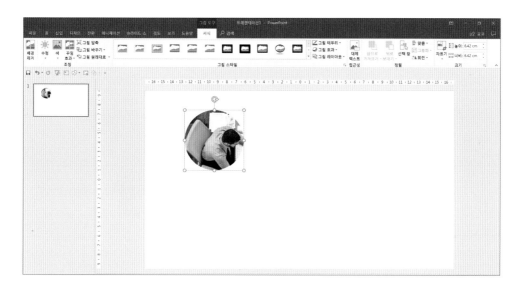

이번에는 편집한 사진을 선택한 다음 'Ctrl(개체복사)+Shift(수평이동)+드래그'로 3가지 개체로 복사해줍니다

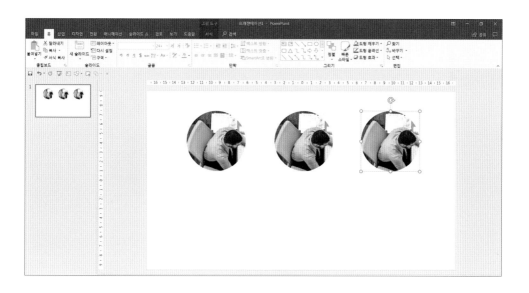

그 중에서 두 번째 사진을 선택하고 '그림 서식'에서 '자르기>자르기' 편집모드를 클릭한 다음 사진을 드래그해서 원하는 부분이 보이도록 이동시켜줍니다. 세 번째 사진도 동일하게 작업해주세요

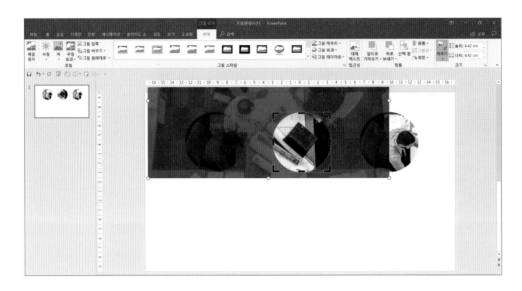

자, 이제 우리가 원하는 부분만 보이도록 사진이 편집되었습니다.

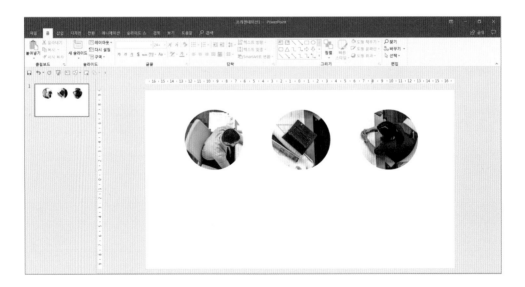

2. 배경 제거

파워포인트 2010 버전부터 사진 편집 및 효과 기능이 강력하게 업데이트되었습니다. 전문 그래픽 디자이너가 아닌 일반 사용자들도 간단하고 편리하게 사용할 수 있는 멋진 기능들이 파워포인트에 내장된 것이지요. 포토샵에서나 보았을 법한 배경 제거 기능이 파워포인트에도 있다는 것, 알고 있었나요? 투명한 색 설정이라는 기능은 2007 버전에도 있다고 하니 이미 10년 이상 전부터 사용할 수 있었네요!

자, 우선 배경 제거 기능부터 살펴볼게요. 아래 그림 좌측을 보면 테이블 위에 노트북, 다이어리, 스마트폰, 커피가 놓여있는 사진이 있습니다. 이번에는 우측을 보니 테이블에 놓인 개체만 남아있는 사진이 있네요. 테이블이 없으니 해당 개체들에 시선이 집중되고, 또 사진 속에서 원하는 이미지만 활용할 수 있다는 장점이 있습니다. 그럼 이런 기능에 대해 배워볼까요?

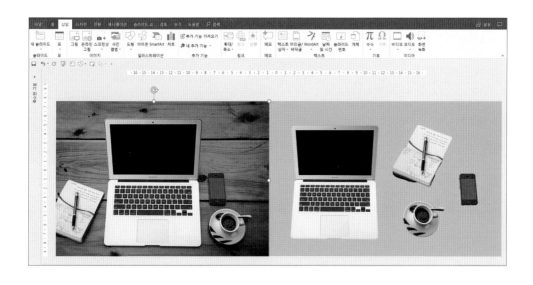

① 투명한 색 설정

☑ 2007 | 2010 | 2013 | 2016 | 2019 | MS365

사진의 배경을 제거하고 싶을 때는 '투명한 색 설정'과 '배경 제거'라는 2가지 기능을 활용할 수 있습니다. 우선 '투명한 색 설정'부터 살펴보겠습니다. 우선 아래 그림처럼 파워포인트에 2가지 사진을 삽입해줍니다. 둘 다 배경이 흰색이므로, 기능을 적용한 후에 효과를 잘 확인할 수 있도록 슬라이드의 배경색을 주황색으로 바꿨습니다.

〈출처 : pixabay.com/ko/photos/남자-성인-사람들-초상화-3247921, pixabay.com/ko/photos/사람-남자-한명-독백-449403〉

먼저 다음 쪽 그림처럼 좌측 사진을 선택하고 '그림 서식'에서 '색〉투명한 색 설정'을 클릭해 줍니다(파워포인트 2007에서는 '그림 서식〉다시 칠하기〉투명한 색 설정'). 커서 모양이 바뀐 것을 확인한 다음 사진에서 없애줄 색상을 선택하세요. 여기서는 배경색인 흰색을 클릭해보겠습니다.

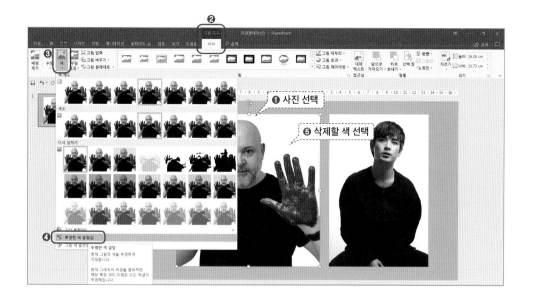
결과를 보니 아래 그림처럼 흰색 배경이 모두 사라지고 해당 부분이 투명해졌습니다. 한 번의 클릭으로 배경이 없어지다니 너무 유용하지 않나요?

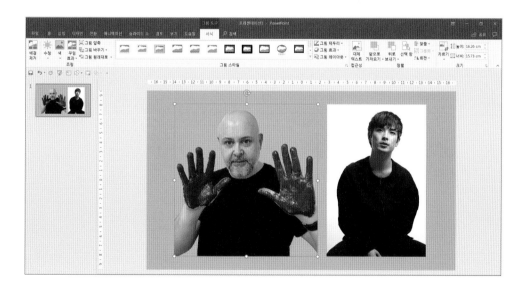

아래 그림처럼 우측 사진에도 동일한 작업을 해줍니다.

음, 그런데 좌측 사진은 기능이 깔끔하게 잘 구현된 반면, 우측 사진은 좌측 하단의 일부 배경이 제거되지 않았고 남자 얼굴의 일부까지 투명하게 변하고 말았네요. 왜 이런 걸까요? 그 이유는 '투명한 색 설정' 기능은 '완벽하게 똑같은 한 가지 색상'만 없애주기 때문입니다. 우측 사진을 자세히 보면, 좌측 하단 배경색이 다른 배경에 비해 조금 어두워서 없어지지 않았고, 얼굴에서 빛이 반사되어 희게 표현된 부분이 투명하게 바뀐 것이지요. 음, 이럴 때 원하는 부분만 제거하고 싶으면 어떻게 해야 할까요?

② 배경 제거

바로 원하는 부분만 선택해서 제거하는 '배경 제거' 기능을 사용하면 됩니다. 이 기능을 이용해서 원하는 부분을 지울 수도 있고, 특정 영역을 남길 수도 있어요. 그럼 바로 써볼까요?

먼저 좌측 사진을 선택하고 '그림 서식'에서 '배경 제거'를 클릭합니다.

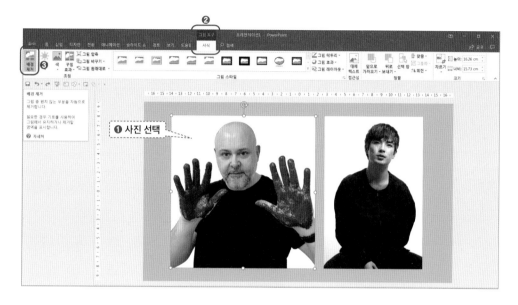

기능을 실행하면 아래 그림처럼 사진의 일부분이 보라색으로 변합니다.

보라색 영역의 의미는 '해당 영역을 지운다'라는 의미이므로 원하는 부분만 지워지도록 수정해주어야 합니다. 이를 위해 화면 왼쪽 상단에 있는 배경 제거 메뉴의 기능들을 살펴보겠습니다.

- 보관할 영역 표시 : 원하는 사진영역을 남겨줍니다
- 제거할 영역 표시 : 원하는 사진영역을 지워줍니다.
- 변경 내용 모두 취소 : 설정한 보관할/제거할 영역표시를 모두 취소합니다.
- 변경 내용 유지 : 설정한 보관할/제거할 영역표시를 적용합니다.

아래 그림처럼 위의 기능 중 '보관할 영역 표시'를 선택하고 사진 속 남자의 영역을 자유롭게 드래그해 표시합니다.

원하는 결과가 나올 때까지 위의 작업을 반복해주세요.

아래 그림처럼 손가락 사이 불필요한 영역은 '제거할 영역 표시' 기능으로 지워줍니다.

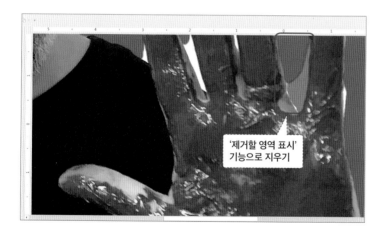

'제거할 영역 표시'
기능으로 지우기

우측 사진도 같은 방법으로 작업해줍니다.

자, 아래 그림처럼 배경 제거 작업이 잘 되었습니다. 포토샵 없이도 쉽게 사진의 배경을 제거할 수 있었네요!

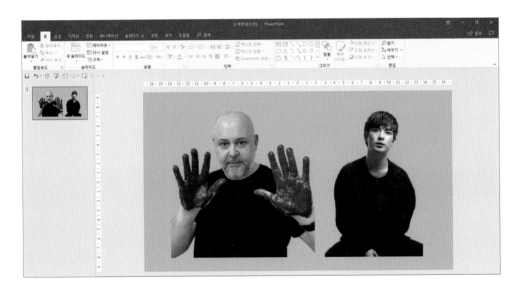

Tip 버전별 배경 제거 기능 차이

파워포인트 2019와 MS365에서는 아래 상단 그림처럼 배경 제거를 할 때 '제거할/보관할 영역'을 자유롭게 칠하면서 설정하도록 업데이트되었습니다. 이에 비해 파워포인트 2016 이하 버전의 경우 아래 하단 그림처럼 선을 그으면서 기능을 적용해야 한다는 차이가 있습니다.

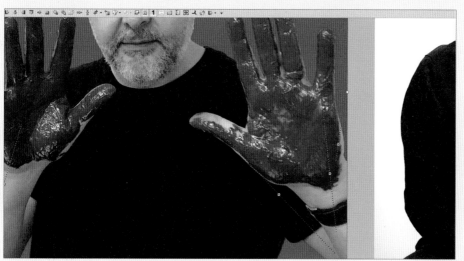

파워포인트의 배경 제거 기능은 보관할 영역과 제거할 영역 간 '경계의 색 차이가 또렷히 달라야' 잘 적용됩니다. 아래 그림처럼 경계의 색 차이가 모호하면 작업횟수도 늘어날 뿐 아니라 결과물의 퀄리티도 좋지 않습니다.

<경계의 색 차이가 모호해서 결과물 퀄리티가 낮아진 사례>

〈출처 : pixabay.com/ko/photos/bokeh-사람들-커플-키스-2594745〉

이럴 때는 배경을 지워주는 무료 웹서비스를 이용해보세요. 무료이지만 높은 퀄리티를 보여줍니다(다만 해당 웹서비스를 무료로 이용하는 경우 배경을 지운 후 저해상도 이미지만 다운로드받을 수 있습니다). 단, 10초 만에요! 인터넷 주소창에 'REMOVE.BG'라고 입력한 뒤 엔터를 눌러주세요. 사이트가 나오면 아래 그림처럼 'Upload Image'를 클릭한 다음 배경을 제거할 사진을 업로드해주세요.

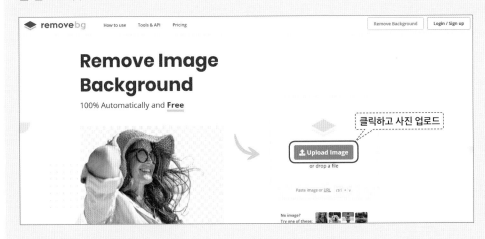

그러면 다음 쪽 그림처럼 잠시 로딩 게이지바가 지나갑니다. 100%가 될 때까지 잠시 기다려주세요. 10초도 걸리지 않아요.

아래 그림처럼 미리보기를 통해 결과물을 보면 엄청납니다. 그 짧은 시간에 사람만 남기고 배경 제거가 거의 완벽하게 되었어요! 이제 Download 버튼을 클릭해서 사진을 내려받으면 됩니다.

아래 그림처럼 해당 사진을 파워포인트에 삽입해보면 매우 높은 퀄리티로 배경 제거가 되었음을 알 수 있습니다.

색의 경계가 모호한 사진의 배경을 제거하고 싶다면 이 사이트를 이용해보세요. 쉽고 간단할 뿐만 아니라 퀄리티도 높으니까요! 아참, 그런데 REMOVE.BG 사이트에서는 '인물 배경만' 제거할 수 있습니다. 인물이 아닌 사물인 경우 유사 서비스인 https://burner.bonanza.com을 이용해보세요!

3. 고퀄리티 이미지 검색 및 삽입

파워포인트 자료의 퀄리티는 어느 정도 디자인 감각의 영향을 받기는 하지만, 이보다는 개체 활용을 잘하는 것이 훨씬 중요합니다. 전체적으로 레이아웃과 여백을 깔끔하게 배치하고 색을 단색으로 잘 활용하더라도, 사진의 해상도가 안 좋으면 화질이 깨져서 자료의 전문성을 전달하기 어렵습니다. 이런 점에서 고퀄리티 이미지를 활용하는 방법부터 알아볼까요?

① 구글 이미지 검색

여러분은 주로 어디에서 검색 서비스를 이용하나요? 연령대별 차이는 있지만 많은 사람들이 네이버(NAVER)를 이용합니다. 물론 좋은 서비스이긴 하지만 고퀄리티 사진을 얻기 어려울 때가 많습니다. 일단 마우스 오른쪽 버튼 사용이 막혀 있어서 사진을 다운로드받지 못해 Prn Sc(Print Screen Shot) 버튼으로 캡처해서 써야 하는 경우가 대부분이잖아요? 원본이 아니므로 당연히 퀄리티가 떨어지지요. 또 주로 우리나라 사람들만 이용하기 때문에 검색으로 얻을 수 있는 자료가 많지 않습니다. 그래서 우리는 '구글'을 써야 합니다. 고퀄리티의 원본 사진 다운로드가 가능하고, 전 세계 인구 70%가 이용하는 서비스라 검색결과도 어마어마하거든요. 무엇보다 네이버에 없는 스마트한 기능까지 제공해줍니다. 그럼 구글에 접속(google.com)해볼까요?

구글에서 검색할 때는 아래 그림처럼 반드시 '영어' 키워드를 써주세요. 한글로 검색하면 결국 네이버 자료를 활용하게 되거든요. 영어로 검색하면 더 많고 다양한 정보들을 확인할 수 있습니다.

결과가 로딩되면 아래 그림처럼 화면 상단의 '이미지' 탭을 눌러 이동해주세요.

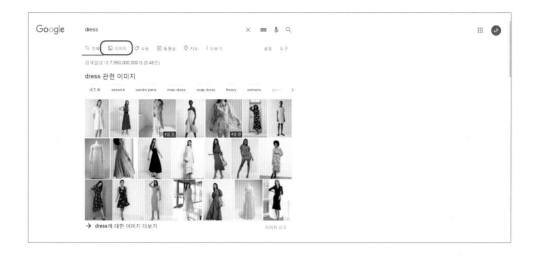

그러면 사진(이미지)들만 모아서 한 눈에 보여주기 때문에 원하는 사진을 쉽고 빠르게 선택할 수 있습니다. 그런데 지금은 해상도가 낮은 저퀄리티 사진들을 함께 보여주고 있네요. 자, 지금부터 구글을 제대로 활용해봅시다!

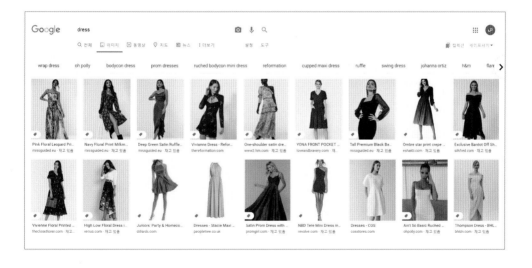

화면 우측 상단에 있는 '도구'를 클릭하면 '크기, 색상, 사용권한, 유형, 시간' 등의 필터가 생성됩니다. 여기서 '크기'를 클릭해서 '큼(큰 사이즈)'을 선택해주세요.

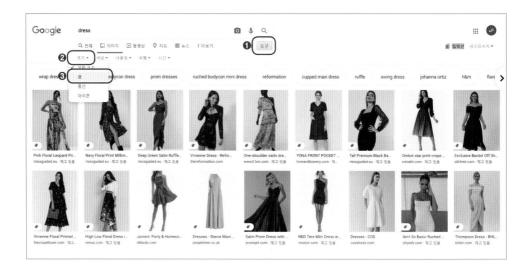

아래 그림처럼 큰 사이즈로 필터링된 고해상도 사진들만 볼 수 있어요! 이러한 고해상도 사진을 사용해야 화질이 깨지지 않아서 자료의 전문성도 높일 수 있습니다. 오오오, 정말 유용하지요? 신기한 구글 검색은 여기서 끝나지 않습니다!

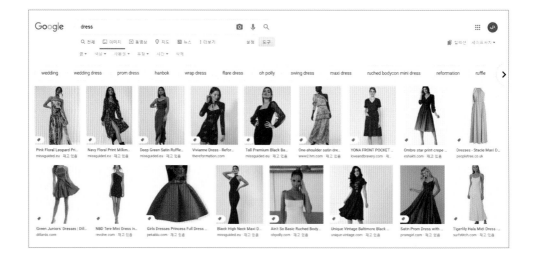

이번에는 아래 그림처럼 '색상>빨간색'을 선택해주세요.

오오오오오오오! 구글은 색상까지 검색해주네요. 빨간색뿐만 아니라 초록색, 파랑색 등도
당연히 잘 검색됩니다!!

앞서 파워포인트 기능 중 '투명한 색 제거'와 '배경 제거'를 직접 해봐서 알겠지만, 파워포인트는 전문 그래픽 툴이 아닌 만큼 기능을 적용한 결과가 조금 지저분한 편입니다. 이럴 때는 아래 그림처럼 구글 검색결과에서 '투명한' 사진 필터를 활용하세요.

아래 그림처럼 구글 검색결과에서 배경이 투명한 이미지는 해당 부분이 격자무늬로 표현됩니다.

구글에서 배경이 투명한 이미지를 다운로드해서 파워포인트에 삽입했더니 사진과 배경의 경계가 또렷한 고퀄리티 자료 활용이 가능하네요!

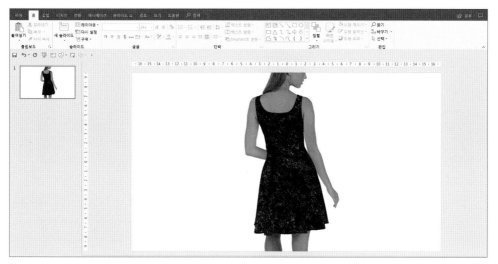

〈사진출처 : https://images.app.goo.gl/WA6vapj7L87asSgGA〉

이런 이미지를 활용해서 이렇게 입체감 있는 자료도 만들 수 있습니다. 무궁무진한 파워포인트의 세계이지요?

파워포인트 자료가 외부로 배포되는 자료라서 구글에서 다운로드한 이미지의 저작권이 걱정된다면, 아래 그림처럼 구글 검색결과에서 '도구>사용 권한>수정 후 재사용 가능'을 활용하세요.

② 파워포인트에서 바로 삽입

☑ 2013 | 2016 | 2019 | MS365

구글에 들어가서 검색하는 순간마저도 아쉬울 만큼 긴박하게 사진을 검색하고 삽입·활용해야 한다면 어떻게 해야 할까요? 이럴 때는 파워포인트 2013부터 제공하는 '온라인 그림' 기능을 활용해보세요. 딱 10초면 내가 원하는 사진이 파워포인트에 바로 삽입됩니다!!

먼저 다음 그림처럼 '삽입〉온라인 그림'을 클릭합니다. 온라인상에서 사진을 불러와야 하는 만큼 인터넷 연결은 필수겠지요?

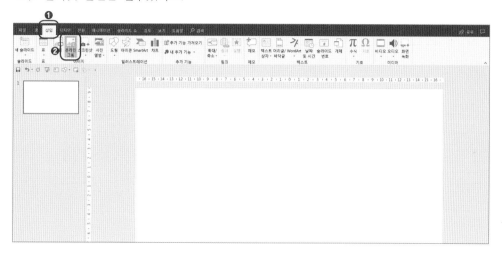

아래 그림처럼 사진 카테고리에서 원하는 유형을 선택하거나, 온라인 그림 검색창을 통해 찾은 사진을 바로 파워포인트에 삽입할 수 있어요(참고로 bing은 마이크로소프트에서 제공하는 검색포털 서비스입니다).

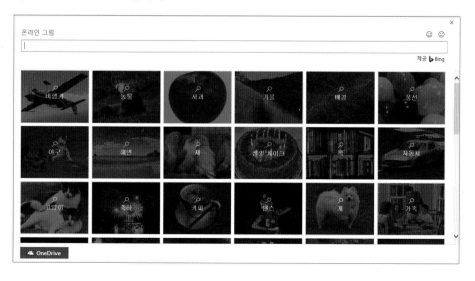

아래 그림처럼 'SEA'라고 검색한 뒤 원하는 사진을 선택해볼까요? 참고로 검색 창 밑에 있는 'Creative Commons'에 체크가 되어 있는 것은 '상업적 활용이 가능한 사진만 검색하겠다'라는 뜻이에요!

사진을 선택하면 검색 서버에서 바로 파워포인트로 삽입되기 때문에 원하는 사진을 빠르게 삽입할 수 있습니다.

정보의 양은 구글이 훨씬 많지만, 사진을 빠르게 검색하고 활용하는 데는 '온라인 그림'만한 기능이 없겠지요? '빠른 실무=빠른 퇴근'인 거 알잖아요!

③ 스크린샷

☑ 2010 | 2013 | 2016 | 2019 | MS365

내 컴퓨터 화면을 삽입하고 싶을 때, 일반적으로는 키보드 우측 상단에 있는 Prt Sc(Print Screen) 키를 누른 뒤, 파워포인트에 붙여넣기(Ctrl+V)해서 사용하거나, 윈도우 기본프로그램 인 '캡처 도구'를 활용합니다. 하지만 파워포인트에는 더 쉬운 방법이 있다는 걸 알고 있나요?

아래 그림처럼 '삽입>스크린샷'을 클릭하면 현재 여러분의 PC에서 실행하고 있는 프로그램 이나 파일탐색기, 인터넷 창 등 모든 화면이 보일 거에요.

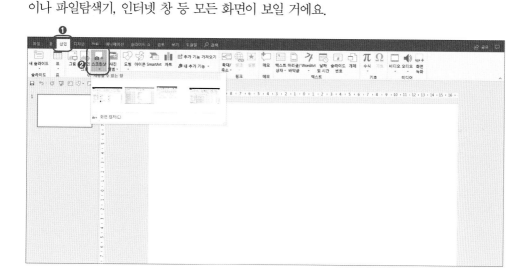

그 중에서 하나를 그냥 선택해주기만 하면, 짠! 아래 그림처럼 파워포인트에 바로 캡처화면 이 들어간 것을 확인할 수 있습니다! 캡처 단축키나 프로그램을 이용하지 않고도 빠르게 내 PC의 원하는 창만 깔끔하게 삽입할 수 있는 유용한 기능이랍니다.

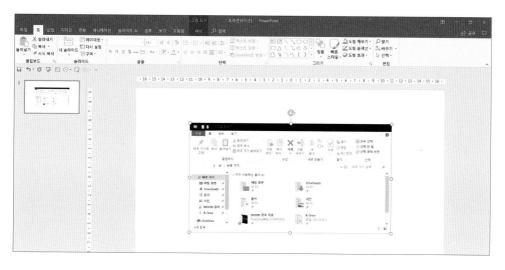

캡처하는 창의 특정부분만 삽입하고 싶다면 아래 그림과 같은 '화면 캡처' 버튼을 활용해보세요.

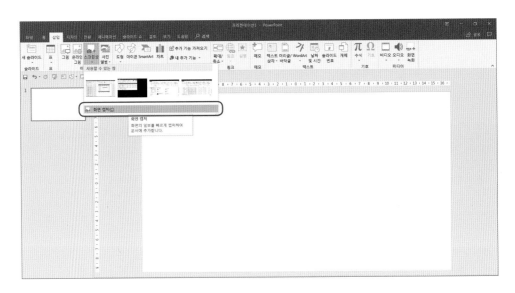

버튼을 누르면 파워포인트 창이 최소화되고 캡처할 화면이 나오면서 뿌옇게 바뀌게 됩니다. 이때 캡처를 원하는 부분을 드래그한 다음 마우스 버튼을 뗍니다. 참고로 내 컴퓨터에 여러 화면(창)이 열려 있는 경우 바로 직전에 실행한 화면이 캡처 창으로 만들어집니다.

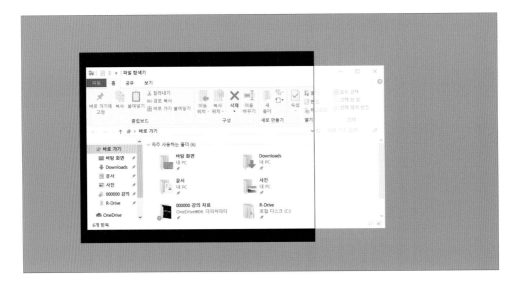

그러면 드래그한 영역이 파워포인트에 삽입되었음을 확인할 수 있어요!

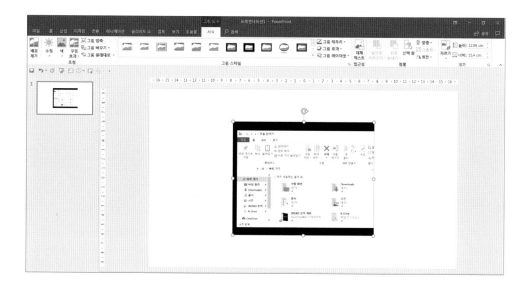

아래 그림처럼 '스크린샷' 기능을 빠른 실행 도구 모음에 추가해놓으면 더욱 쉽고 편리하게
활용할 수 있습니다!

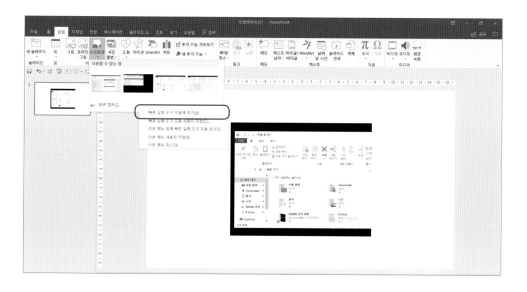

그런데 일부 프로그램이나 브라우저에서 까만 화면만 나오고 스크린샷 기능이 제대로 지원되지 않는 경우가 있습니다. 자, 이럴 때는 윈도우10에서 활용할 수 있는 기본 내장 단축키를 활용해보세요.

일단 캡처할 화면을 띄워놓은 다음 '윈도우 키+Shift+S'를 누르면 화면이 검게 변하는데, 이때 아래 그림처럼 내가 캡처하고 싶은 영역을 마우스로 드래그해주면 됩니다.

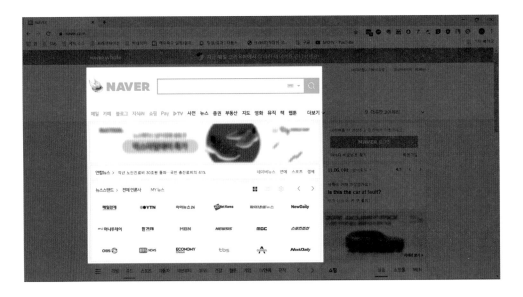

어? 그런데 아무 반응이 없네요? 지금은 여러분이 지정해서 캡처한 화면 이미지가 컴퓨터 임시공간인 클립보드에 삽입·저장만 되어 있는 상태라서 그렇습니다. 자, 이제 파워포인트 화면을 띄워서 'Ctrl+V'로 붙여넣기해주세요. 그럼 아래 그림처럼 파워포인트에 내가 캡처한 화면이 잘 삽입되는 것을 볼 수 있어요. 실무의 핵심은 '쉽고, 빠르고, 편리하게!'입니다. 이런 기능들을 잘 활용해서요!

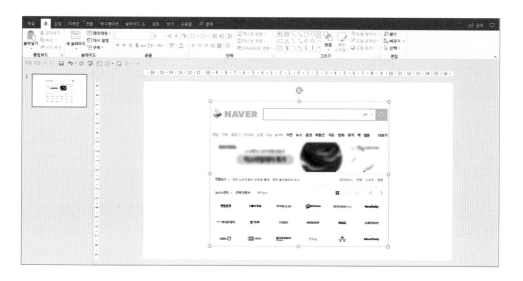

Chapter

09

픽토그램, 벡터소스

갑자기 어려운 용어가 나왔습니다. 픽토그램은 무엇이고 벡터소스는 대체 무슨 말이냐고요? 일반적인 파워포인트 사용자라면 잘 모를 수도 있습니다. 간단히 말하자면, '픽토그램'은 아이콘을 떠올리면 되고, '벡터소스'는 다양한 활용이 가능한 개체의 유형 중 하나라고 이해하면 됩니다. 현재 가장 많이 쓰이고, 디자인 트렌드에서 빠질 수 없는 디자인 소스와 개체라고 할 수 있지요. 물론 우리는 전문 디자이너가 아니므로 너무 상세하게 알 필요는 없지만, 이게 무엇이고 어떻게 활용할 수 있는지는 확인해볼까요?

1. 픽토그램 　　　　　2007 ｜ 2010 ｜ 2013 ｜ 2016 ｜ 2019 ｜ MS365

우선 픽토그램이 무엇인지 이해하기 위해 아래 그림과 같은 무료 픽토그램 사이트 중 하나인 Flaticon.com에 접속해보겠습니다. 회원가입 없이 무료로 픽토그램을 다운받을 수 있는 유용한 사이트니까 즐겨찾기를 해주세요.

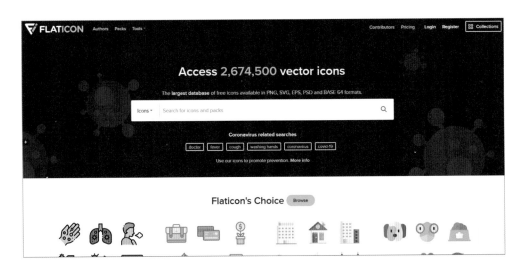

앞의 화면에서 검색 창에 원하는 검색어를 입력합니다. 외국 사이트이므로 당연히 '영어'로 검색해야 합니다. 여기서는 간단히 'man'이라고 입력한 뒤 엔터를 눌러 검색결과를 살펴보겠습니다. 그리고 검색결과에서 남자 그림 하나를 선택해보겠습니다.

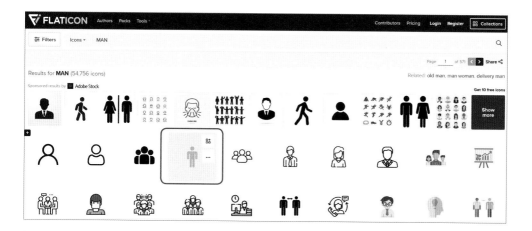

선택 화면에서 우측을 보니 PNG와 SVG 파일을 다운로드할 수 있네요. 두 형식의 파일을 모두 다운로드해서 차이점을 알아보겠습니다. 해당 파일을 파워포인트에 삽입하는 방법은 다운로드한 폴더에서 파워포인트 슬라이드로 '드래그 앤 드롭'하거나, 파워포인트에서 '삽입>사진>파일 선택'을 하면 됩니다. 참고로 'SVG' 파일은 파워포인트 2019와 MS365에서만 삽입이 가능하고, 그 이전 버전에서는 지원하지 않는다는 점에 유의하세요.

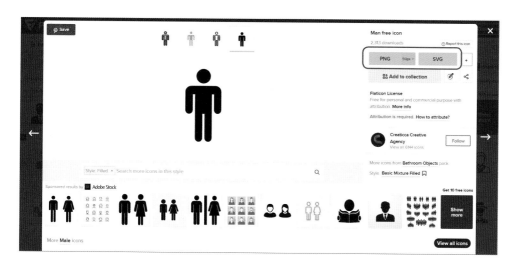

아래 그림처럼 파워포인트에 PNG(좌)와 SVG(우) 파일을 모두 삽입했습니다. 자, 이제 2가지 파일형식의 차이점을 살펴볼까요?

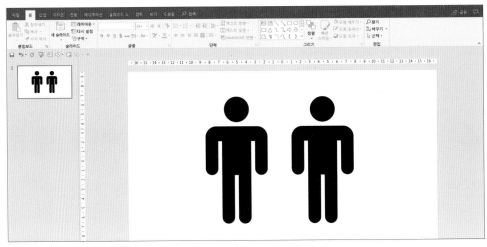

〈출처 : www.flaticon.com/free-icon/man_456432〉

우선 2가지 개체를 선택하고 그림 서식에서 '채우기>단색 채우기'를 체크하고 진한 빨강을 선택하면 아래 그림처럼 확연한 차이를 볼 수 있습니다. PNG 파일(좌)의 경우 속성이 '배경이 투명한 사진'이므로 픽토그램 색상이 아닌 투명한 배경에 색이 채워집니다. 즉, PNG 파일은 우리가 원하는 픽토그램 색상 변경 자체가 불가능한 속성을 가지고 있음을 기억할게요. 이에 비해 SVG 파일(우)은 '벡터' 속성의 자료이므로 픽토그램이 원하는 색상으로 바뀌었습니다.

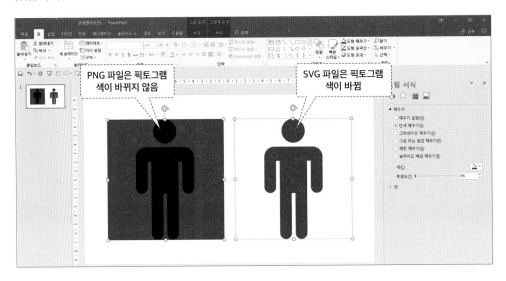

이번에는 색상을 초기화하고 두 개체의 크기를 바꿔보겠습니다. PNG 파일(좌)은 속성이 '사진'이므로 흐릿해지고 픽셀이 다소 깨지는 현상이 생깁니다. 아래 그림처럼 사진을 크게 확대했을 때 화질이 떨어져보이는 것과 동일한 현상이라고 생각하면 됩니다. 하지만 SVG 파일(우)은 속성이 벡터이므로 아래 그림처럼 크게 확대해도 깨져 보이지 않습니다. 정리하면, 전문가들이 활용하는 벡터소스로 여러분도 고퀄리티 자료를 만들 수 있습니다. 쓸수록 매력적인 소스겠지요?

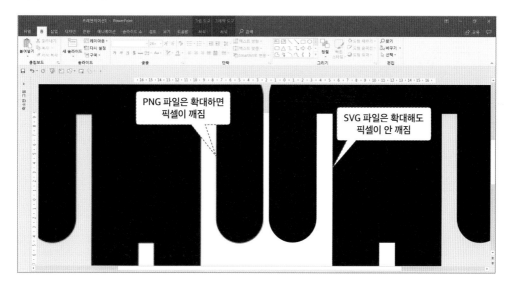

이번에는 SVG 파일만의 추가적인 특징을 살펴보겠습니다. 아래 그림처럼 SVG 개체만 남긴 후 해당 개체를 선택한 뒤 마우스 오른쪽 버튼을 클릭하고 '그룹화>그룹 해제'를 누릅니다.

아래 그림과 같은 메시지 창이 나오면 '예(Y)'를 눌러준 뒤 다시 '그룹 해제'를 해줍니다.

그럼 아래 그림처럼 머리와 몸이 따로 분리가 됩니다. 즉, 벡터소스는 '분해가 가능하다'라는 특징이 있습니다.

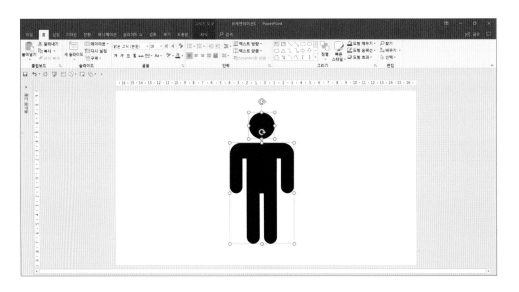

위와 같이 분리된 개체에 대해서는 아래 그림처럼 점 편집과 도형 병합 기능까지 적용할 수 있습니다.

<점 편집>

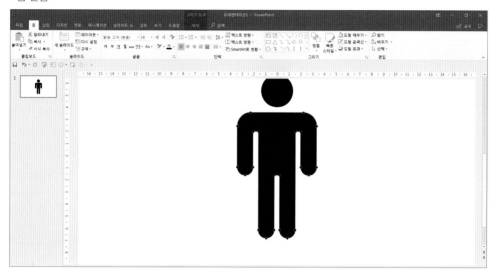

<도형 병합>

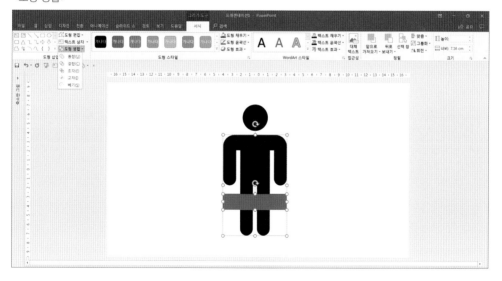

정리하면, 벡터소스는 색상 변경이 자유롭고, 확대해도 깨지는 현상이 없으며, 개체분해가 가능하고, 분해된 개체에 대한 점 편집과 도형 병합까지 가능하다는 사실을 알 수 있습니다. 이런 벡터소스의 특징을 활용하면 포토샵이나 일러스트레이터 없이도 멋진 자료들을 만들 수 있다는 점을 놓치면 안 되겠지요?

💡 **Tip** | **무료 픽토그램 및 벡터소스 추천사이트**

• **무료 픽토그램 사이트**

http://endlessicons.com	https://www.flaticon.com
http://pictogram2.com	https://www.iconfinder.com
https://iconmonstr.com	https://icooon-mono.com
https://material.io/resources/icons/?style=baseline	https://icons8.com/icons/new
https://jam-icons.com	https://boxicons.com
https://iconscout.com/unicons	https://iconsvg.xyz
https://uxwing.com	

• **무료 픽토그램+벡터소스 사이트**

https://dryicons.com	https://www.freepik.com
https://pixabay.com	

---

2. 벡터소스　　2007 2010 2013 2016 2019 MS365

픽토그램을 이해하고 나니 벡터소스가 어떤 디자인 개체인지 감이 올 거예요. 반대로 픽토그램이 벡터자료 유형의 하나라는 점도 이해되었을 텐데요, 실무에서 벡터소스를 어떻게 활용하는지 간단히 살펴볼까요? 먼저 벡터소스를 쉽게 무료로 다운로드받을 수 있는 픽사베이(pixabay.com) 사이트로 이동해보겠습니다. 픽사베이는 한글 검색이 가능한 무료 이미지 다운로드 사이트로 많이 알려져 있지만, 벡터소스 다운로드도 가능하답니다.

아래 그림처럼 'man'이라고 검색한 뒤 상단 필터에서 '이미지>벡터 그래픽'을 선택해주세요.
이렇게 하면 검색결과 중에서 벡터소스만 필터링해주기 때문에 원하는 벡터소스를 빠르게
찾을 수 있습니다.

아래 그림처럼 다양한 검색결과가 나오는데요, 우리는 이러한 자료들을 모두 무료로 활용할
수 있습니다. 이 중에서 수술복을 입은 남자를 클릭해볼까요?

무료 다운로드 버튼을 클릭한 뒤 PNG가 아닌 'SVG' 파일을 다운로드해주세요. 로그인 요청이 있다면 번거롭더라도 회원가입을 해주세요. 번거로움은 잠시일 뿐, 엄청난 자료 활용이 가능하니까요! 다운로드받은 파일은 파워포인트에 삽입해주세요. 다만 SVG 파일은 파워포인트 2019와 MS365 버전에서만 삽입되므로, 구 버전에서 SVG 및 EPS 파일을 활용하는 방법은 136쪽 팁을 참고해주세요.

삽입한 개체에 '그룹 해제'를 '2번' 하면 아래 우측 그림처럼 모든 개체가 분해됩니다. 앞서 설명했듯이 이렇게 분해된 개체에 대해서는 색 변경, 점 편집, 도형 병합을 적용할 수 있으니 활용도가 매우 높겠지요?

〈출처 : https://pixabay.com/ko/vectors/의사-의학-남자-의료-2025725〉

이번에는 아래 그림처럼 벡터소스와 함께 도형과 텍스트 상자를 배치하고 크게 확대해줍니다.

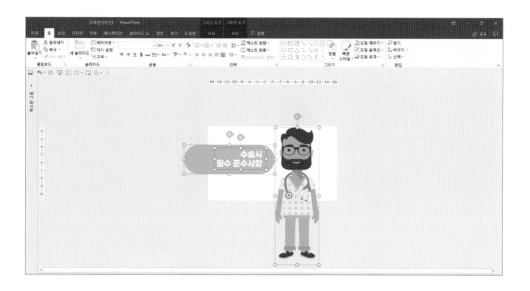

짜잔! 아래 그림 같은 멋진 자료를 금방 만들 수 있습니다. 우리는 디자이너가 아니므로 멋진 일러스트형 그림을 직접 그릴 필요가 없습니다. 디자이너가 만든 좋은 소스를 활용해서 빠르고 효과적으로 자료를 작성하는 것이 핵심이지요! 이와 같은 벡터소스의 매력에 빠질 준비가 되었다면 Part 2를 기대해주세요!

파워포인트 최신 버전이 아니라서 SVG나 EPS 파일을 활용할 수 없다면 '온라인 컨버터'를 활용해보세요. 따로 프로그램을 설치할 필요없이, 온라인상에서 파일을 변환해서 다운로드받을 수 있습니다. 사용법도 아주 간단해요!

먼저 주소창에 https://www.freepik.com/free-vector/hand-drawn-apple-fruit-illustration _2582458.htm을 입력해서 이미지가 나오면 우측 'Download>Free Download' 버튼을 클릭해서 압축파일(ZIP 파일)을 다운로드받은 다음 특정 폴더에 저장하여 압축을 풀어줍니다.

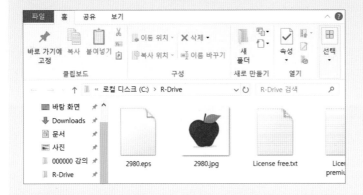

그런 다음 구글에서 'EPS to WMF'라고 검색해줍니다(SVG 파일이라면 'SVG to WMF'라고 검색해주세요). 몇 가지 검색결과 중 아래 그림과 같이 'Convertio' 서비스를 활용해보겠습니다.

다음 쪽 그림과 같은 화면이 나오면 '파일 선택(Select File)' 항목 중 '컴퓨터 파일 탐색 아이콘'을 클릭하고, 위에서 다운로드받아 저장해놓은 파일을 선택합니다.

서버로 파일이 업로드되면 '준비된(Ready)'이라는 초록색 안내문구와 함께 '변환(Convert)' 버튼이 활성화되는데, 해당 버튼을 클릭해줍니다.

잠시 기다리면 '끝마친(Finish)'이라는 안내문구와 함께 '다운로드(Download)' 버튼이 활성화됩니다. 이 버튼을 클릭해서 파일을 다운로드받아 주세요.

다운로드받은 파일을 파워포인트로 드래그 앤 드롭해주거나, '삽입>그림'을 클릭해서 파일을 찾아 삽입해주세요. 아래 그림처럼 파워포인트 2007 버전으로 실행해보니 삽입이 잘 되었습니다!

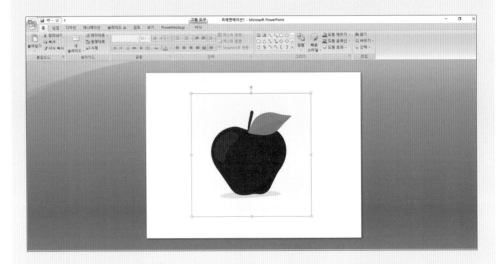

해당 개체를 선택한 다음 마우스 오른쪽 버튼을 클릭해서 '그룹>그룹 해제'를 '2번' 해주면 개체들이 분해됩니다. 다음 쪽 그림들처럼 필요한 개체만 남기고 색을 변경해보고 점 편집도 해보세요.

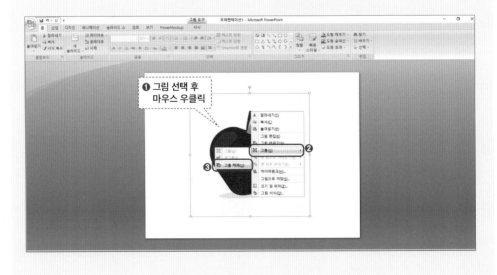

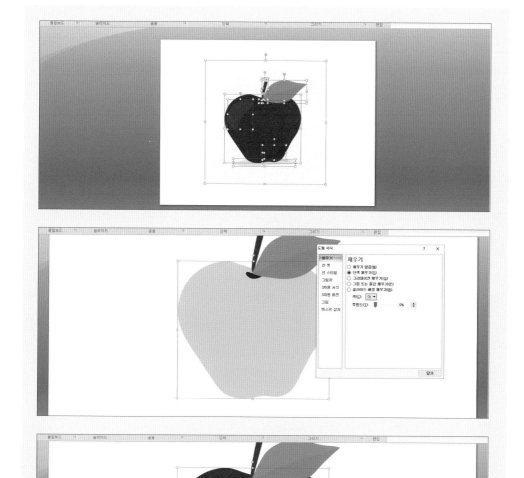

이제껏 몰랐던 파워포인트의 세상이 열렸습니다. 디자이너들이 멋지게 만든 자료들을 위와 같은 방식으로 파워포인트로 가져와서 마음껏 활용해보세요! 우리는 디자이너가 아니지만, 디자이너의 자료로 더 멋진 파워포인트를 작성할 수 있어요!!

색 활용은 자료를 강조하는 가장 기본적인 기능 중 하나입니다. 그런데도 많은 사람들이 색 활용을 제대로 하지 않고 있지요. 누가 정하지도 않았는데 희한하게 '첫 번째로 중요한 부분은 빨간색으로, 그다음 중요한 부분은 파란색, 또 그다음은 초록색…' 등의 방식으로 활용하고 있습니다.

필자는 이런 활용법이 우리가 오랫동안 워드프로세서를 사용하면서 만들어진 고정관념이라고 생각합니다. 워드프로세서는 디자인을 표현하는 방법이 제한적이라는 프로그램의 특성상 일반적으로 선의 굵기나 개체의 크기, 색상으로만 자료를 강조하기 때문이지요. 그 중 가장 쉬운 강조법이 색상을 변경하는 것이다 보니 워드프로세서의 기본색인 빨간색, 파란색, 초록색에 익숙해져 있던 것입니다.

하지만 아래 그림처럼 한 페이지 안에 색을 너무 다양하게 표현하면 시선이 각 색별로 분산되어 한 눈에 들어오지 않아서 오히려 가독성과 정보전달력이 떨어지게 됩니다. 그럼 색상은 어떻게 써야 할까요?

<정보전달력이 떨어지는 자료>

〈출처 : https://theqoo.net/infinite/515013484〉

1. 스포이트 기능 활용

2013 2016 2019 MS365

색상을 선택하는 좋은 방법은 바로 로고에서 색을 추출하는 것입니다. 로고는 학교나 회사 등의 고유 브랜드 색상이므로 자료를 보는 순간 해당 학교나 회사 등을 바로 떠오르게 하고 소속감을 갖게 하는 특성이 있습니다. 또 전문 디자이너가 작업한 결과물이기 때문에 그만큼의 전문성을 표현할 수 있습니다. 우리에게 중요한 것은 이러한 로고 색상을 활용하면 색 활용을 더 이상 빨간색, 파란색, 초록색에 한정할 필요가 없다는 것이지요!

자, 아래 색상과 업종명을 보면 특정 브랜드가 바로 떠오르지 않나요?

먼저 간단한 검색 창을 제작해볼까요? 아래 그림처럼 우리가 다 아는 그 초록색 검색 창이에요!

구글에서 'naver logo'라고 검색한 뒤 '도구'에서 '큼'와 '투명' 필터를 적용한 뒤 나온 사진 중에서 퀄리티 높은 것을 파워포인트에 삽입해주세요(또는 https://logoproject.naver.com/logonaver에 들어가면 네이버 정식 로고를 다운로드받을 수 있습니다).

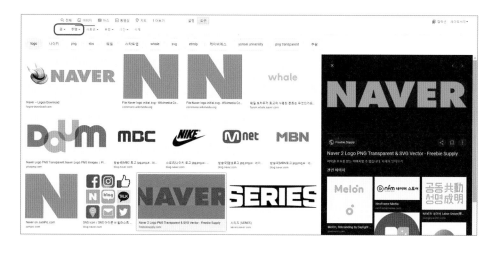

'삽입>도형'에서 '사각형'을 선택해서 로고 옆에 삽입해줍니다.

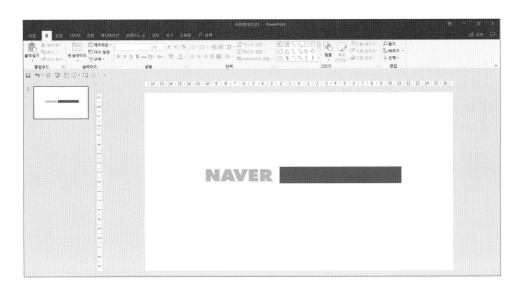

도형을 선택하고 마우스 오른쪽 버튼을 클릭해서 '채우기>스포이트' 기능을 선택해주세요.

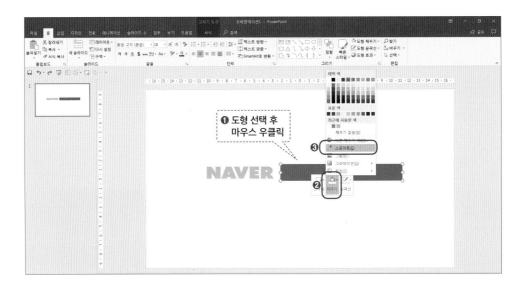

마우스 커서가 스포이트 모양으로 바뀐 것을 확인하고, 로고 색상 위에 커서를 올려 추출할 색으로 스포이트 커서 색이 변경된 것을 확인한 다음 마우스 왼쪽 버튼을 클릭해주세요.

짠! 로고에서 색상을 잘 추출했습니다. 간단하지만 엄청난 기능이에요!

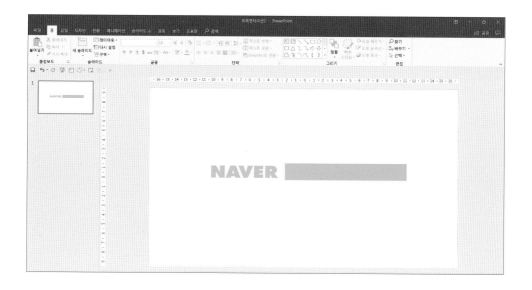

자, 이제 검색 창을 완성해보겠습니다. 아래 그림처럼 사각형 하나를 더 만들어서 검색창 내부에 배치해주세요.

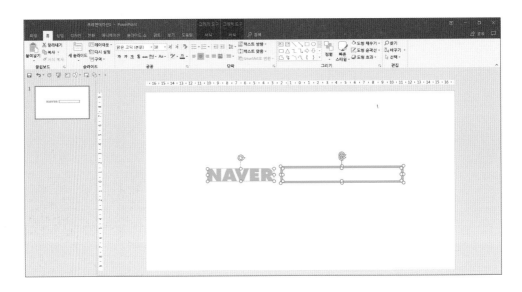

완성도를 높이기 위해 삼각형을 삽입한 다음 위에서 설명한 스포이트 기능을 이용해 로고와 동일한 색상으로 바꿔줍니다. 그런 다음 'Alt+→ 또는 ←'로 도형을 180도 회전시키고 크기를 조절해줍니다.

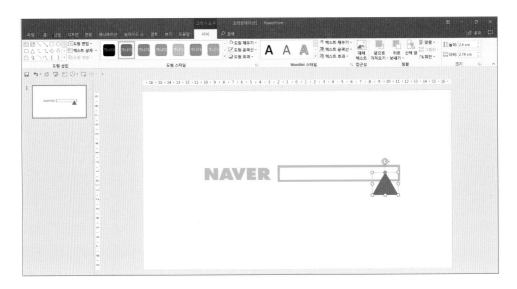

자, 파워포인트로 초록 검색 창을 너무나 쉽게 만들었어요. 이제 색 활용은 로고에서 따오기! 잊지 말고 활용해보자고요!

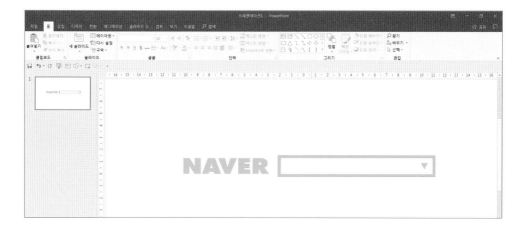

2. 색상 추천사이트

마음에 드는 색으로 된 로고가 없거나 로고 색이 불안정하다면 색상 추천사이트를 활용해보세요. 옷을 잘 입는 사람들은 보통 자신만의 '감각'이나 '센스'가 있는데, 만일 자신에게 그런 감각이나 센스가 없다면 이런 사람들에게 조언을 구하거나 패션잡지 등을 참고해서 센스있는 옷을 선택할 수 있습니다.

이와 마찬가지로 자신에게 파워포인트 자료에 적용할 색감에 대한 센스가 없다고 생각된다면 전문가들이 추천해주는 색상을 활용해볼 수 있습니다. 아래 사이트에 들어가면 전문가들이 잘 어울리는 색들을 모아서 보여주기 때문에 원하는 색을 선택하여 활용할 수 있습니다. 위에서 설명한 스포이트 기능으로 그런 색상들을 추출해서 활용하면 깔끔하고 전문성 높은 파워포인트 자료를 만들 수 있어요! 이제 우리도 무지개 원색에서 벗어나 색 활용의 전문가가 되어보아요.

색상 추천사이트

https://color.adobe.com/ko/explore	https://colorhunt.co
https://colorsupplyyy.com/app	https://flatuicolors.com
https://www.materialpalette.com	https://www.vanschneider.com/colors
http://paletton.com	https://picular.co

동영상과 음악 삽입하기

회사의 가장 큰 행사라고 하면 한 해를 마무리하는 종무식와 한 해를 시작하는 시무식을 꼽을 수 있습니다. 필자는 회사의 인사총무팀에서 근무할 때 시무식에서 땀을 뻘뻘 흘렸던 아찔한 기억이 있습니다. 당시 필자는 며칠 밤낮을 새가며 전 직원이 모인 자리에서 대표님이 발표할 자료를 그 어느 때보다 완벽하게 준비했습니다. 그런데 그렇게 몇 번의 시연까지 거친 그 완벽한 자료가! 대표님이 참고 영상으로 PPT 화면을 넘기는 순간 영상이 재생되지 않았습니다. 순간 대표님은 따가운 눈빛으로 인사총무팀을 바라봤고, 잠시 흐름이 끊긴 발표는 수동으로 영상을 재생하면서 이어졌습니다.

파워포인트 슬라이드에 내장한 동영상이 실제 발표현장에서 재생되지 않는 현상! 여러분도 이와 비슷한 실수를 해본 적이 많겠지요? 분명 사전에 몇 번이나 테스트를 했는데도 왜 이런 현상이 생기는 것일까요? 그 이유는 '버전별로 지원하는 파일 확장자가 다르기 때문'이에요.

결론부터 말하자면, 파워포인트 2010 이하 버전에서는 동영상 확장자가 'WMV'인 파일만 지원합니다. 코덱을 설치하면 MP4, MOV 등의 파일도 지원되지만, 일반적인 컴퓨터 환경 기준으로는 WMV 파일 외에는 재생오류가 발생하거나 '미디어를 사용할 수 없습니다'라는 경고문구가 표시되지요. 위에서 필자가 겪었던 사례도 필자가 자료를 준비한 PC의 파워포인트 버전은 2013이었고, 발표현장 PC의 버전은 2010이라는 데서 비롯됐지요.

<파워포인트 버전별 지원 가능 동영상 형식>

버전	지원 가능 동영상 형식
파워포인트 2010 이하	WMV
파워포인트 2013 이상	WMV, ASF, AVI, MP4, M4V, MOV, MPG, MPEG, SWF 등

쉽게 정리하면, 2010 버전 이하는 WMV를 쓰고, 어느 발표현장에서나 활용하려면 동영상 파일 확장자를 WMV로 변환하여 쓰면 되겠네요!

Tip 동영상 파일을 쉽고 빠르게 WMV 형식으로 바꾸는 방법

AVI 확장자로 다운받은 동영상 파일이나 휴대전화로 찍은 MP4 파일을 어떻게 WMV 형식으로 변환할 수 있을까요? 일반적으로 동영상 인코더 프로그램을 설치하여 변환하는 방법이 많이 알려져 있지만, 프로그램 검색이나 설치를 해야 하는 과정이 번거롭지 않나요? 지금부터 온라인 웹상에서 바로 쉽고 빠르게 변환하는 방법을 소개할게요.

아래 그림처럼 https://cloudconvert.com에 접속해주세요.

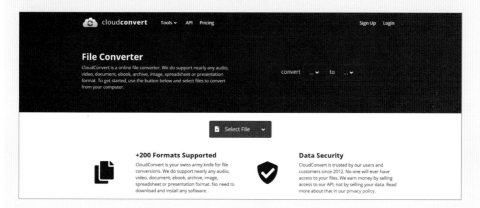

'Select files'를 클릭하여 MP4 파일을 선택하면, 아래 그림처럼 'Convert to' 아이콘이 나옵니다.

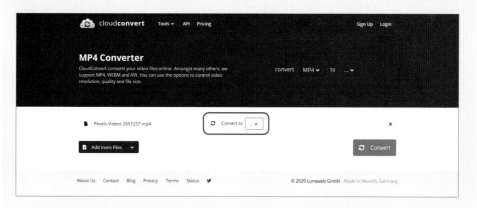

다음 쪽 그림처럼 'Convert to' 아이콘 우측의 항목을 'WMV'로 바꿔줍니다(WMV 외에 원하는 다른 파일 확장자를 선택해도 됩니다).

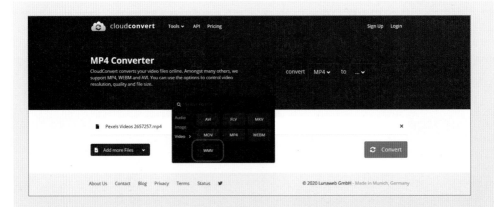

그런 다음 'Convert' 단추를 클릭하면 아래 그림처럼 서버로 파일이 업로드되면서 실시간 변환이 이루어집니다. 참 편리한 서비스이지요!

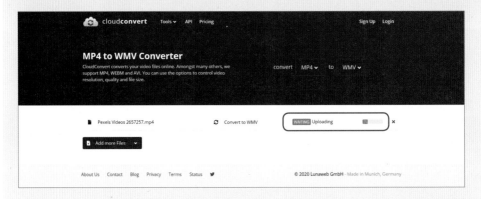

업로드과 변환 완료가 되면 'FINISHED' 아이콘이 보이고 'Download' 버튼이 활성화됩니다. 이제 다운로드 버튼을 눌러서 파일을 다운로드받아주세요.

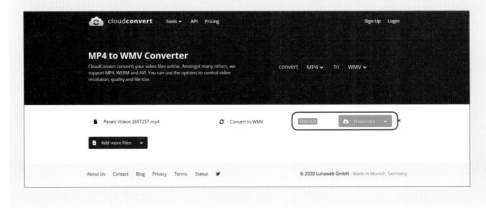

아래 그림처럼 파워포인트 2010 버전에 삽입도 잘 되고 재생도 원활히 되네요!

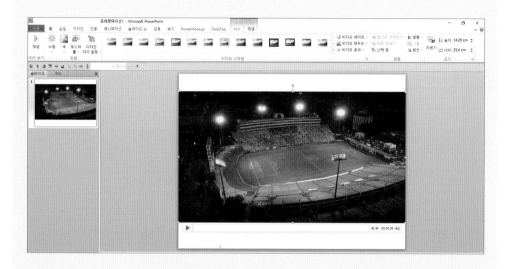

* 간혹 파워포인트 2010 버전에서 WMV 파일 재생이 안 되어서 특정 코덱을 설치해야 하는 경우도 있습니다. 이처럼 동영상 재생 오류가 생기는 데는 다양한 원인이 있다는 사실 참조하세요.

1. 비디오 트리밍 `2013` `2016` `2019` `MS365`

파워포인트 자료 작성을 위해 준비한 영상은 15분짜리인데 실제 발표 시에는 해당 영상의 3분 15초쯤 부분부터 4분 52초 부분까지만 쓰고 싶을 때가 있지요? 이런 경우 인코더 프로그램으로 편집하거나 온라인 비디오 편집 서비스를 이용해도 되지만, 파워포인트에 더 쉬운 기능이 있답니다.

먼저 동영상을 준비해주세요. 필자는 아래 그림처럼 https://www.pexels.com/video/soccer-game-in-a-stadium-2657257에서 다운로드받아 사용할 거예요. Free Download 버튼만 누르면 영상을 다운로드받을 수 있습니다. 파워포인트 2010 이하 버전이라면 WMV 확장자만 지원하므로 147쪽 내용을 참고하여 WMV 파일로 변환해서 삽입해주세요.

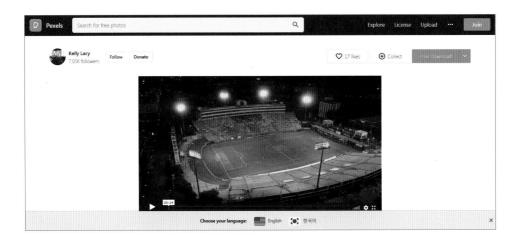

파워포인트에 동영상을 삽입한 다음 아래 그림처럼 해당 동영상을 선택하고 '재생>비디오 트리밍'을 클릭합니다.

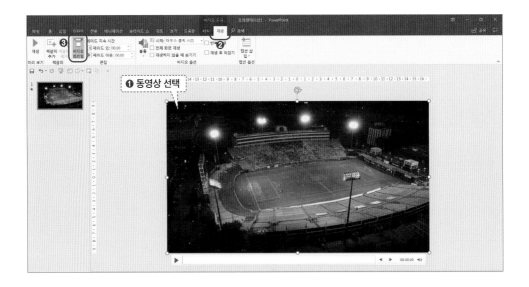

그러면 좌측 그림처럼 비디오 트리밍 창이 뜨는데, 왼쪽 초록색 바는 시작위 치를, 오른쪽 빨간색 바는 종료위치를 마우스로 설정할 수 있게 도와줍니다. 또는 아랫쪽에 있는 시작·종료 시간에 직접 수치를 입력해서 설정할 수도 있 어요.

좌측 그림처럼 간단히 마우스로 초록 색과 빨간색 바를 스윽스윽 움직여서 원하는 시간대를 설정해주세요. 그러 고 나서 확인만 누르면 끝입니다. 와 우! 인코더 프로그램을 사용하지 않아 도 쉽게 동영상을 편집할 수 있네요!

2. 페이드 인/아웃

비디오 트리밍으로 잘린 영상을 재생하면 시작과 끝 부분이 뭔가 툭! 하고 시작하고 툭! 하고 끝나는, 부자연스러운 느낌이 듭니다. 이럴 때는 페이드 인/아웃 기능을 써보세요!

아래 그림처럼 동영상을 선택하고 '재생>페이드 지속 시간'에서 페이드 인/아웃 수치를 '01.00(1초)'로 설정해주세요.

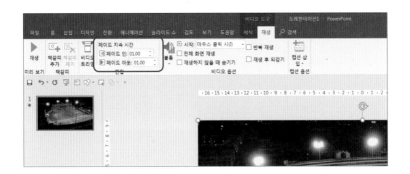

자, 이렇게 하니 동영상이 스르륵~ 시작되고 스르륵~ 끝나서 재생이 부자연스러웠던 부분이 해결되네요. 작은 차이지만 큰 효과가 생겼지요?

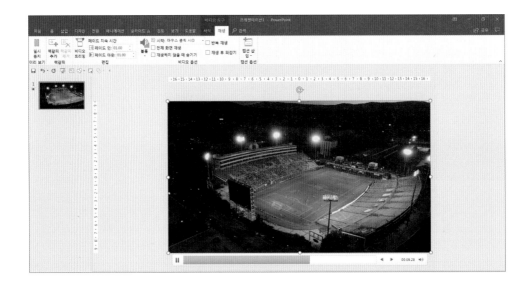

3. 발표 시 바로 재생되게 세팅하기

파워포인트 자료를 전체 화면으로 설정해서 멋지게 발표하다가 동영상을 재생해야 할 때 프리젠터 콘트롤 버튼이 먹히지 않아서 다시 PC로 달려가서 재생했던 경험이 있지요? 이것도 다 이유가 있습니다. 이를 해결하는 간단한 방법으로, 프리젠터로 바로 재생하는 방법이 있습니다.

우선 파워포인트에서 동영상을 재생하는 방법부터 살펴볼까요? 이에 대해 많은 사람들이 아래 그림처럼 동영상을 선택한 다음 상단의 '재생' 메뉴에서 '재생 버튼'을 눌러서 작동시키면 된다고 생각합니다. 하지만 완벽한 동영상 재생을 위해서는 다른 방법을 사용해야 합니다.

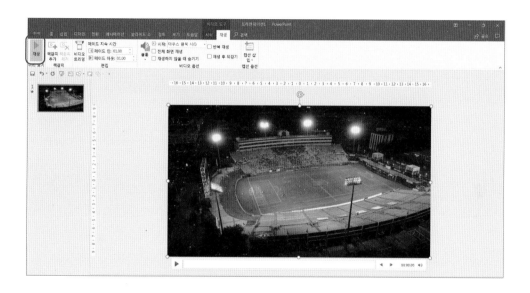

다른 방법은 바로 '애니메이션'으로 동영상 재생을 콘트롤하는 거에요. 아래 그림처럼 동영상을 선택한 다음 상단 메뉴 중 애니메이션을 클릭하면 일반 개체에는 없던 재생 관련 콘트롤 버튼들이 보입니다. 여기서 먼저 그동안 동영상을 삽입하면 전체 화면에서 바로 보이지 않았던 이유부터 알아볼까요?

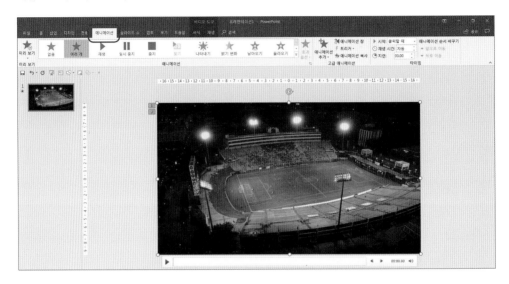

아래 그림처럼 '애니메이션>애니메이션 창'을 클릭하면 적용된 애니메이션의 재생상태를 상세히 볼 수 있습니다. 이 애니메이션 재생상태도 파워포인트 버전별로 차이가 생기는데요, 파워포인트 2016 이하 버전에서는 동영상이 '일시 중지' 상태로 삽입됩니다. 이렇게 '일시 중지' 애니메이션이 적용되기 때문에 전체 화면에서 재생이 되지 않았던 것이지요.

파워포인트 2019와 MS365 사용자라면 아래 그림처럼 애니메이션 창의 애니메이션 재생상태가 2가지로 적용되어 있는 것이 보일 거에요. 최신 버전에서는 전체 화면에서 동영상 재생이 바로 되지 않았던 부분이 개선되어 바로 재생이 되도록 기본값이 변경되었습니다. 따라서 해당 버전을 사용하고 있다면 동영상 재생 애니메이션 부분은 따로 설정하지 않아도 됩니다.

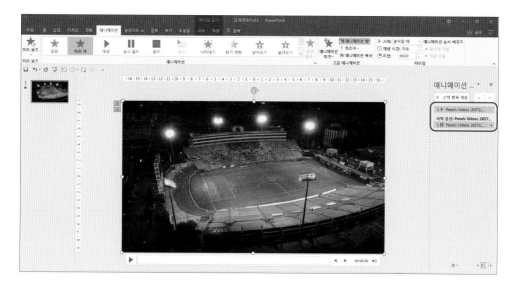

반면에 파워포인트 2016 이하 버전을 사용한다면 아래 그림처럼 애니메이션 창에 적용되어 있는 '일시 중지' 애니메이션을 제거해주세요.

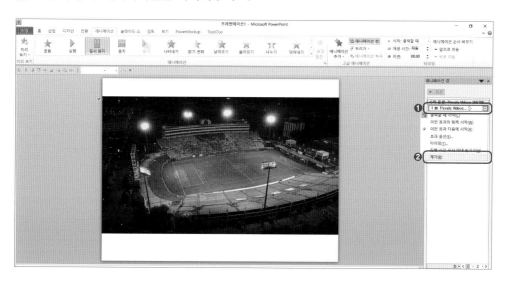

'일시 중지' 상태를 삭제했다면 다시 동영상을 선택한 다음 '애니메이션>실행'을 클릭해줍니다. 그리고 현재 화면을 전체 화면으로 보는 'Shift+F5' 버튼을 클릭한 뒤 SPACE BAR를 눌러주면 전체 화면에서 영상이 잘 재생되는 것을 볼 수 있습니다.

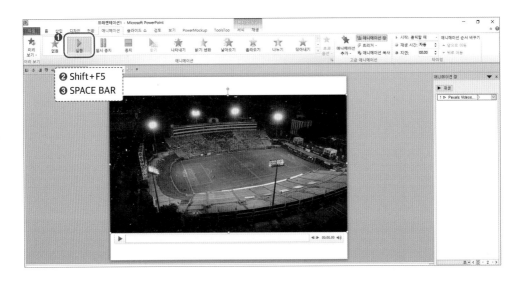

참고로 음악 파일 재생방식은 동영상과 크게 차이가 없습니다. 위에서 설명한 방식대로 MP3 파일을 재생하고 싶다면 애니메이션 창에서 재생을 설정하고, '오디오 트리밍'으로 원하는 구간을 설정한 뒤 '페이드 인/아웃'으로 자연스럽게 재생되도록 설정해보세요. 아울러 무료 동영상을 다운로드받을 수 있는 사이트는 아래와 같습니다.

무료 동영상 다운로드 사이트

https://coverr.co
https://www.videezy.com
http://mazwai.com
https://pixabay.com/ko/videos

https://www.pexels.com/videos
https://www.lifeofvids.com
https://www.videvo.net
https://mixkit.co

디자인 트렌드

① 저도 디자인을 배운 적이 없습니다

많은 파워포인트 사용자들이 '디자인'이라는 것이 자신과는 상관없는 일로 생각합니다. 대부분 디자인을 경험해본 것이 고작 유년시절 미술 수업시간에 했던 스케치와 물감 칠하기 정도이니까요. 현실은 내 소중한 손이 똥손이라 그 시절 미술시간에 만들었던 작품들을 차마 볼 수조차 없는 지경인데 디자인이라니요! 파워포인트 자료를 잘 만들려면 디자인 감각을 어디서 따로 배우기라도 해야 할까요?

필자 역시 현재 파워포인트 디자이너로도 활동하고 있지만 사실 컴퓨터공학을 전공한, 디자인이 뭔지도 모르던 사람이었습니다. 그런 필자가 어떻게 파워포인트 '디자이너'가 될 수 있었을까요? 물론 좋은 자료를 많이 보고 따라해본 노력도 있었지만, 가장 중요한 포인트는 디자인 트렌드의 변화를 이해하려는 데 있었어요! 필자의 무릎을 탁! 치게 했던 그 트렌드의 변화가 무엇인지 알아볼까요?

② 디자인 트렌드의 변화 : 스큐어모피즘 > 플랫 > 머터리얼

아래 내용을 보니 갑자기 전문용어가 나와서 너무 어렵다는 생각이 듭니다. 하지만 전문 디자이너가 아니라면 이 용어들을 굳이 알거나 외울 필요가 없습니다. 필자가 정말 간단하게 정리해드릴게요.

- 스큐어모피즘(skeuomorphism) : 최대한 실물에 가깝게 사실적으로 표현. 3D효과, 광택, 그림자, 입체감이 강함
- 플랫(Flat) : 최대한 간단하고 단색으로 표현. 단색, 심플, 최소화된 디자인으로 정보를 빠르게 파악하고 용량을 줄여 로딩시간을 빠르게 해줌
- 머터리얼(material) : 플랫 디자인에 질감, 그림자, 입체감을 더해줌

위의 설명을 보고 용어들의 간단한 차이를 이해했다면 아래 그림을 통해 구체적인 차이를 알아볼까요?

〈출처 : https://onextrapixel.com/flat-design-and-material-design-are-same-oh-are-they-really〉

왼쪽 계산기의 버튼을 살펴보면 입체감, 광택, 그림자, 3D효과가 보입니다. 2009년 즈음 아이폰3gs를 사용한 사람들은 이 화면을 보았을 겁니다. 그러다 계산기 이미지가 중간 그림처럼 심플해졌습니다. 그러다 2013년에 iOS6에서 iOS7 운영체제로 넘어오면서 플랫(Flat) 디자인이 적용된 것이지요.

왜 이렇게 디자인이 바뀌었을까요? 이유는 간단합니다. 우리는 정보의 홍수 시대에 살고 있기 때문에 어떤 정보이든 빠르게 전달받고 인식해야 합니다. 그런데 스큐어모피즘 트렌드는 최대한 실물에 가깝게 표현하려다 보니 불필요한 디자인 요소가 많았고, 그만큼 용량도 커서 기기에서의 처리속도가 느리다는 단점이 있었습니다. 이를 개선하고자 최대한 심플하게 표현하면서 정보전달 속도를 높이고 용량도 줄인 플랫 디자인 트렌드로 변화하게 된 것이지요.

이유를 알고 나니 디자인 트렌드의 변화가 재밌게 생각되지 않나요? 그리고 지금은 이 플랫 디자인에 입체감과 그림자 효과를 더해 머터리얼(Material) 디자인으로 고도화되었습니다. 아래 그림과 같이 인스타그램의 로고가 변화되는 과정을 살펴보니 이해하기 더 쉽지요?

스큐어모피즘   플랫   머터리얼

〈출처 : https://vintage.agency/blog/does-material-design-have-a-future-in-web-technology〉

아래 그림과 같이 펩시 로고가 변화되는 과정을 살펴보면 정보를 표현하는 트렌드의 변화까지 이해할 수 있어요. 초기 로고처럼 디자인 요소가 너무 많고 복잡하면 정보를 빠르게 파악하기가 힘든 반면, 디자인이 더 단순하고 간결해질수록 정보를 빠르게 파악할 수 있게 되지요. 이러한 변화가 바로 지금의 정보 디자인 트렌드라는 것입니다! 어떤가요? 알고 나니 디자인 요녀석 그렇게 어렵지 않게 접근할 수 있을 것 같지요?

〈출처: https://www.logaster.com/blog/pepsi-logo〉

이런 트렌드를 이해했다면 파워포인트를 기준으로 되새겨볼까요? 오랫동안 회사에서 사용해오던 파워포인트 양식을 그대로 사용하고 있는 실무자라면 아래 첫 번째 그림과 같은 스큐어모피즘 형태를 많이 활용하고 있을 거에요. 3차원 서식, 그림자, 그라데이션, 굵은 테두리 등이 적용되어 있어서 정보전달력을 떨어뜨리고 있지요. 자, 이제 좀 바꾸어볼까요?

디자인을 최소화해보세요. 아래 그림처럼 디자인이 최소화될수록 전달하려는 정보에 시선이 집중됩니다. 사실 무언가를 더 이쁘고 아름답게 꾸미는 것보다는, 전달하고자 하는 정보를 담백하게 만드는 '기획력'이 더 중요한 이유가 여기에 있습니다.

인쇄

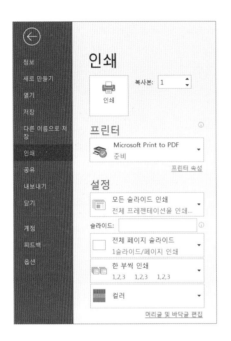

회사에서 자료를 출력할 때 단순하게 인쇄 버튼만 누르고 있나요? 파워포인트의 인쇄 옵션 버튼을 잘 살펴본 적이 있나요? 좌측 그림과 같은 인쇄 옵션을 잘 살펴보면 유용한 기능들이 숨겨져 있습니다. 한 번 볼까요? 참고로 인쇄 단축키가 'Ctrl+P'라는 건 알고 있겠지요?

① Microsoft Print to PDF로 PDF 파일로 저장하기

위의 인쇄 옵션 화면에서 아래 그림과 같은 영역을 보면 윈도우에서 기본 프린터로 설정된 프린터 목록이 표시되어 있습니다. 각자 PC환경에 따라 다르게 나올텐데요, 여기서 'Microsoft Print to PDF'를 선택하고 인쇄를 실행하면 물리적 종이가 아닌 PDF 파일형식으로 파워포인트 내용이 저장됩니다. 이 기능은 파워포인트 자료를 외부에 PDF 파일로 배포할 때 유용하게 활용할 수 있습니다.

② 인쇄범위 설정

인쇄 옵션 중 아래 그림과 같은 메뉴에서 인쇄할 범위를 지정할 수 있습니다.
각 기능에 대한 의미는 아래와 같습니다.

- 모든 슬라이드 인쇄 : 기본 설정값으로, 전체 슬라이드가 인쇄됩니다.
- 선택 영역 인쇄 : 미리 슬라이드를 선택해두었다면 선택된 슬라이드만 인쇄할 수 있습니다.
- 현재 슬라이드 인쇄 : 현재 선택한 슬라이드 1장만 인쇄합니다.
- 범위 지정 : 특정 슬라이드의 범위를 지정하여 인쇄합니다.
- 숨겨진 슬라이드 인쇄 : 숨겨진 슬라이드가 있을 경우에 인쇄 여부를 결정합니다.

③ 인쇄 세부 설정

아래 그림과 같은 인쇄 세부 설정의 각 기능에 대한 의미는 다음과 같습니다.

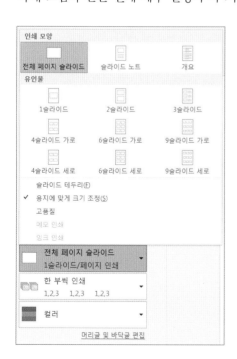

- 인쇄 모양 : 슬라이드만 인쇄할지, 슬라이드노트를 포함할지, 슬라이드 마스터의 개요만 인쇄할지를 결정합니다.
- 유인물 : 한 장당 인쇄될 슬라이드 수를 선택합니다.
- 슬라이드 테두리 : 선택하면 슬라이드에 테두리가 함께 인쇄됩니다.
- 용지에 맞게 크기 조정 : 용지 사이즈에 맞게 슬라이드 크기가 변경됩니다. 슬라이드 사이즈에 최적화되어 출력되므로, 이 기능을 선택하여 출력할 것을 추천합니다.
- 고품질 : 체크가 되어 있지 않다면 텍스트/도형의 그림자 효과가 출력되지 않습니다. 반드시 고품질을 체크해주세요.
- 메모/잉크 인쇄 : 메모와 잉크를 인쇄해줍니다.

아래 그림과 같은 기능에 대해서는 표와 예시로 정리하겠습니다.

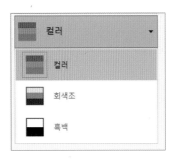

아래와 같은 표와 예시를 보니 바로 이해가 되지요? 회사에서는 비용 절감을 위해 컬러 잉크 사용과 불필요한 잉크 소비를 최소화하려고 합니다. 그런데 이로 인해 그냥 흑백으로만 출력하면 일부 개체가 인쇄되지 않는 문제가 생기기도 해요. 따라서 잉크를 아끼면서, 개체 출력이 안 되는 현상을 방지하기 위해 회색조로 인쇄하는 방법을 추천합니다!

<인쇄색상 지정에 따른 색 반영>

구분	컬러	회색조	흑백
그림		흑백 음영	흰색
도형	원래 색상	흑백음영	흰색
선		검은색	검은색
텍스트		흑백 음영	검은색

<인쇄색상 지정에 따른 색 반영 예시>

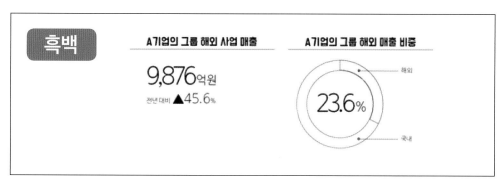

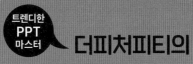

트렌디한
PPT
마스터

더피처피티의

파워포인트
실무 스킬북

2

이럴땐, 이렇게!
실전 자료 마스터링 & 컨설팅

파워포인트 자료 작성순서

오늘도 업무지시가 내렸습니다. 그런데 그동안은 방향도 제시해주고, 이렇게 해라 저렇게 해라 하며 세세히 알려주시더니 오늘은 좀 다르네요? "제대로 한 번 기획해서 보고해봐"라니요! 나는 아직 어리디 어리고 여린 사원일 뿐이라고요. 나를 믿고 알아서 해보라며 일을 맡겼는데 도무지 뭐부터 해야 할지 모르겠습니다. 일단 파워포인트는 실행시켰고, 인터넷 검색창도 열었습니다. 이제부터 뭘 해야 할까요?

1. 주제, 타깃, 목적 선정

일반적으로 회사업무나 학교과제 등은 주제, 타깃, 목적 등이 정해져 있습니다. 위의 사례처럼 파워포인트 자료를 작성하려는데 뭐부터 해야 할지 모르겠다면 일단 자료의 주제가 무엇인지부터 다시 한 번 생각해보세요. 주제를 잡으면 어떤 내용으로 작성해야 하는지 방향성을 계획할 수 있으니까요. 큰 방향을 잡았다면 내가 작성할 자료가 '누가 볼 자료인지(타깃)', '왜 작성해야 하는지(목적)'를 설정해보세요.

● **과제에 대한 주제, 타깃, 목적 잡기**

주제 → 어떤 내용을?

타깃 → 누가 볼 것인지?

목적 → 왜 보는 것인지?

새로운 행사운영에 대해 기획해야 하는데 기존 행사를 소개하는 자료를 만들면 안 되겠지요? 대표님께 보고할 자료를 직원들에게 배포·안내하는 방식으로 작성하면 안 될 테고요. 이렇게 작성할 자료에 대한 주제와 타깃, 목적을 미리 고민해보는 과정을 '기획'이라고 합니다.

기획을 간단히 주제, 타깃, 목적 정도로 분류했지만, 사실 기획을 공부해보면 아주 깊고 세심한 영역임을 알 수 있습니다. 기획과 관련해 시중에 나온 책만 해도 개수와 분야가 엄청 납니다. 아, 겁을 주려는 게 아니라, 기획이 간단하게 생각할 영역이 아니라는 사실을 알려주려는 것입니다. 다만 기획의 입문단계에서는 위에서 필자가 알려준 '주제, 타깃, 목적 = 무슨 내용을, 누구에게, 왜 작성하는지'만은 꼭 놓치지 말고 고려하세요. 기획자료를 그냥 생각나는대로 작성하다가 어느 순간 내용이 산으로 가다가 멘붕에 빠지는, 심지어 내가 무엇을 작성하고 있는지조차 헛갈리는 멍한 상태가 된 적이 있지 않나요? 주제, 타깃, 목적만 꽉 잡고 있어도 최소한 이렇게 방향을 잃는 일은 없어질 거에요!

2. 자료수집

관련된 모든 자료를 수집

주제, 타깃, 목적 잡기를 통해 어느 정도 내용이 기획되었다면, 이제 관련된 내용을 수집할 차례입니다. 인터넷 창을 열어보는 단계로, 아직 파워포인트는 실행하지 않아도 됩니다. 기획이 끝나야 자료를 작성할 수 있으니까요!

이 단계에서는 여러분에게 편한 어떤 방법으로든 양질의 자료를 수집해보면 됩니다. 인터넷이 편하면 인터넷으로, 근처 서점이나 도서관에서 관련 책을 찾아보는 방법도 좋고요. 관련 자료를 작성해본 경험이 많은 선배나 팀장에게 조언을 구해도 좋습니다. 일단 최대한 많은 자료를 준비하세요. 이 책에서 다루지는 못하지만, 만일 디지털 방식으로 자료를 수집한다면 에버노트, 원노트, 노션, 구글킵 등을 활용하기를 권합니다. 해당 앱을 이용해 클라우드 메모로 기록하면 언제 어디서든 메모, 스크랩, 꺼내보기가 가능하거든요.

3. 자료 기획

자료 기획

위와 같은 방법으로 준비한 자료를 모두 활용할 수는 없겠지요? 자료의 내용을 확인하여 중요도 우선순위를 정합니다. 불필요한 내용은 과감히 빼버리고 꼭 필요한 내용만 남기는 분류작업이 필요하다는 것이지요. 그런 다음 큰 분류체계를 세워 항목들을 구분합니다. '서론-본론-결론'으로 나누어도 좋고, '현황분석-개선내용-개선 후 모습'으로 나누어도 좋고, '행사개요-행사 세부내용-행사종료'로 나누어도 좋습니다.

기획의 주제에 따라 필요한 자료나 분류체계가 다를 거에요. 기획이 어려운 이유가 여기에 있습니다. 즉, 좋은 기획은 한 가지 패턴으로는 이룰 수 없고, 많은 경험이 바탕이 되었을 때 가능해진다는 것이지요. 그렇다고 미리 겁먹을 필요는 없습니다. 누구든 이런 과정을 통해 성장하니까요! 참고로 예전에는 디지털로 기획을 할 때 마인드맵을 많이 썼지만, 지금은 노션, 워크플로위, 다이날리스트 등을 많이 활용하고 있습니다.

4. 손스케치

손스케치

필자가 가장 중요하게 여기는 포인트에요! 많은 실무자들이 기획까지 하고나서 바로 파워포인트를 실행하고 있으며, 손스케치를 하는 사람은 많지 않습니다. 그런데 파워포인트를 켜고 기획에 따라 작성하다보면 중간중간 막히는 부분이 많아요. 한 슬라이드에 전체 내용 중 얼마만큼의 분량을 담을지 고민하면서 내 소중한 근무시간이 흘러갑니다. 또 정보를 어떻게 시각화할지 막막하기만 합니다.

'손스케치'는 이런 과정을 미리 종이에 그려보는 작업입니다. 필자의 경우 A4 용지를 반씩 3번 접어서 나뉘는 공간을 활용해서 손스케치 작업을 하고 있습니다. 여러분도 꼭 해보세요! 두 번 해보고, 익숙해질 때까지 해보세요! 이렇게 파워포인트에 담을 자료를 미리 손으로 그려보면 내용정리도 확실하고, 퇴고가 필요 없어집니다. 아래 그림처럼 손으로 한 번 그린 자료를 그대로 슬라이드별로 담아 디자인 작업만 하면 되니까요!

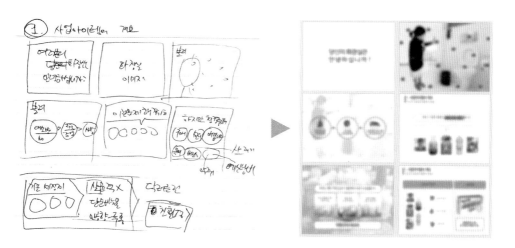

손스케치로 기획을 마무리하고 뼈대가 튼튼한 흔들림없는 자료를 작성해보세요. 작업시간 도 줄어들고 내용이 더욱 탄탄해지는 경험을 할 수 있습니다!

5. 테마 색 선택, 폰트 선정

| 색상 | 폰트 |

자, 이제 테마색을 선택하고 폰트를 정할 거에요. 색을 너무 다양하게 쓰면 시선을 여기저기로 뺏기므로 1~2가지 색을 활용하는 것이 좋습니다. Part 1에서 설명했듯이, '중요한 것은 빨간색, 더 중요한 것은 파란색, 새롭게 중요한 것은 초록색'을 사용하는 워드프로세서형 색상 강조에서 벗어나세요. 주요 테마색 1개 정도, 필요에 따라 보조색 1개 정도면 자료를 표현하는 데 전혀 무리가 없습니다. 그럼 색은 어떻게 정하면 좋을까요? 앞서 설명한 2가지 방법을 떠올려보세요! 먼저 아래 그림처럼 여러분이 소속된 회사, 학교, 기관의 로고 색을 활용하는 방법입니다.

위와 같이 여러분이 소속된 곳의 로고 색을 활용하면 전문성과 소속감을 동시에 어필한다는 측면에서 최고의 색상 선택이 될 수 있습니다.

만약 로고가 없거나 로고 색이 마음에 들지 않는다면 145쪽에서 소개한 색감이 잘 어울리는 색상들의 조합을 보여주는 사이트를 이용하는 방법을 활용해보세요. 이렇게 전문가들이 추천해주는 색을 활용하면 색 감각이 없더라도 멋진 테마색을 사용할 수 있습니다. 자, 이제 색에 대한 고민은 사라졌지요?

폰트 역시 앞서 소개한 내용(63~64쪽 내용 참조)을 참고해서 제목용 폰트, 본문용 폰트, 포인트용 폰트를 미리 정해서 자료에 반영해보세요. 다만 만일 여러분이 소속된 회사나 기관 등에서 사용하는 폰트가 있다면 해당 폰트를 사용하는 것이 좋습니다. 로고 색과 마찬가지로 전문성과 소속감을 줄 수 있기 때문이지요.

6. 제작

제작

자, 자료를 만들 준비가 모두 완료되었습니다. 기획과정을 통해 내용이 꽉 차고 뼈대가 튼튼한 자료가 준비되었고, 사전에 손스케치로 시각화도 완료했고, 깔끔한 자료작성을 위한 테마 색과 폰트까지 설정했으니까요. 이제 손스케치한 자료 그대로 파워포인트 문서를 작성하기만 하면 끝이네요! 이어지는 내용을 참고해서 더 쉽고, 빠르고, 재밌게 파워포인트 작업을 해보도록 해요!

1. 단어/폰트 일괄 바꾸기 `2007` `2010` `2013` `2016` `2019` `MS365`

그럴 때 있지요? 다 된 밥에 재 뿌려지는 상황! 파워포인트 자료를 만들다보면 그런 상황을 한 번씩은 겪게 되잖아요. 다시 밥을 지어야 할 때의 그 깊은 빡침이란! 예를 들어 파워포인트로 조별과제를 마무리한 다음 조원들과 자료를 맞춰볼 때, 회사에서 파워포인트 자료작성을 끝내고 팀장님에게 최종 보고를 할 때면 이런 슬픈 예감이 틀린 적이 없잖아요. 회사에서라면 최종 보고를 하는 자리에서 이런 지시를 들을 때 말이에요.

"이 대리, '2. 현황 분석' 항목을 '3. 사업성 검토' 항목과 순서를 바꿔줘."

이런 경우에 2~3장 분량의 자료라면 큰 문제가 없지만, 몇 십장이 넘는 자료라면 수작업할 생각에 눈앞이 벌써 캄캄해집니다. 가슴 깊이 퇴사 욕구가 샘솟기까지 하지요. 진작 기획을 그렇게 하면 될 것을 왜 항상 다 만들고나서 고쳐오라고 하는 걸까요? 자, 그럼 이럴 때는 어떤 방법을 사용하는 게 좋을까요?

우선 '2. 현황분석'와 '3. 사업성 검토'의 슬라이드 순서를 바꿔줘야 하겠지요. 뭐, 이거야 마우스 드래그 앤 드롭으로 충분히 할 수 있는 일인데, 제목을 일일이 바꾸는 비효율적인 단순 반복작업을 해야 하기에 벌써부터 스트레스가 쌓입니다. 정말, 이런 작업을 해야 하냐고요? 물론 아닙니다. 파워포인트에 아주 좋은 기능이 있으니까요. 이름하여 '바꾸기'!

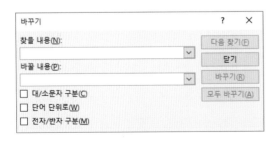

파워포인트 상단 메뉴의 '홈>바꾸기>바꾸기'를 클릭하거나 단축키 'Ctrl+H'를 눌러주면 좌측 그림과 같은 창이 뜹니다.

여기에 '찾을 내용'과 '바꿀 내용'을 써주고 '모두 바꾸기'를 클릭하면 끝입니다! 일일이 바꾸는 단순 반복작업을 할 필요가 없습니다. 그럼 아래 필자의 강의자료를 기준으로 '2. Ctrl, Alt, Shift' 와 '3. 텍스트, 도형, 사진'의 순서를 바꿔볼까요?

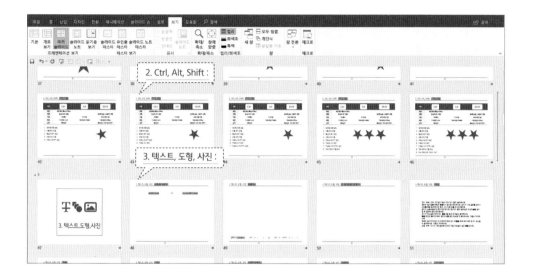

위와 같이 슬라이드가 구성된 상태에서 'Ctrl+H'를 눌러서 '찾을 내용'과 '바꿀 내용'을 아래 그림처럼 써준 후 '모두 바꾸기'를 클릭해주세요.

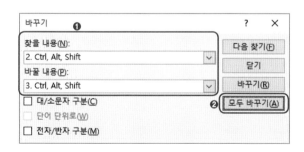

그랬더니 아래 그림처럼 11번이나 비효율적인 반복작업을 줄여주었다는 메시지가 나오네요.

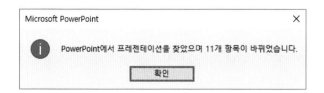

아래 그림처럼 기존 3번 항목에 대해서도 위와 동일한 방법으로 작업해줍니다.

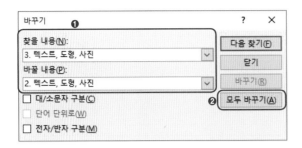

아래 그림처럼 62번의 비효율적인 단순 반복작업을 줄여주었네요!

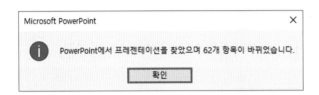

그런 다음 다시 자료를 확인해보면 아래 그림처럼 텍스트가 일괄 변경되었음을 알 수 있습니다. 이제 슬라이드를 선택해주고 순서만 바꿔주면 되겠네요.

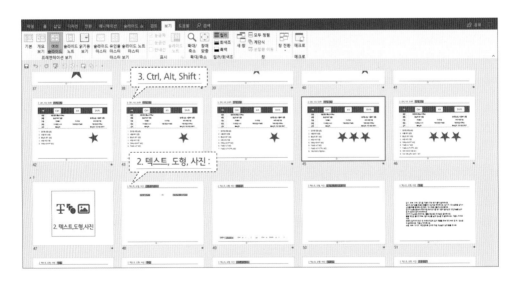

'바꾸기' 기능, 알고나니 너무 쉽지요? 이제, 단순 반복작업으로 시간낭비하지 말고 편하게 일하세요!

✓ 전체 슬라이드의 '폰트'를 한 번에 바꾸려면?

만약 '폰트'를 일괄 변경하고 싶다면 '홈>바꾸기>글꼴 바꾸기'를 선택해서 변경하려는 폰트를 선택한 다음 변경할 폰트를 선택하고 '바꾸기'를 클릭해주세요. 슬라이드가 몇백 장이더라도 폰트가 한 번에 변경됩니다.

2. 표 활용

학교를 졸업하고 신입사원이 되어서 파워포인트 작업을 할 때 낯선 개체 중 하나가 바로 '표'입니다. 학생 때는 그다지 쓸 일이 많지 않았고, 기본 형태만 사용해도 파워포인트 문서를 만드는 데 크게 문제될 게 없었으니까요. 반면에 회사에서는 단순 텍스트를 표로 정리하는 일이 많고, 회사에서 사용하는 양식과 스타일에 맞춰 편집하고 수정해야 하는 일이 많아집니다. 이럴 때 텍스트와 도형 디자인을 바꾸는 방식대로 해보려 하지만 잘 되지 않아서 기능을 찾느라 시간을 소비하게 되곤 합니다. 그럼 지금부터 직장인이라면 꼭 알아야 하는 표 기능에 대해 알아볼까요?

① 표의 기본 기능 파헤치기　　　　　　☑ 2007 | 2010 | 2013 | 2016 | 2019 | MS365

우선 간단하게 표 삽입부터 해보겠습니다. 아래 그림처럼 '삽입>표'를 클릭해서 원하는 표의 크기를 마우스로 선택해줍니다. 여기서는 3×4(가로 3칸, 세로 4칸)의 표를 삽입해보았어요.

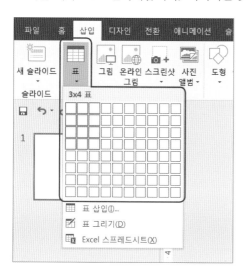

아래와 같이 표현된 표의 첫 줄은 간단하게 '번호, 이름, 비고'라고 작성한 다음, 제목줄답게 색을 바꿔볼까요? 표의 배경색을 바꾸려면 아래 그림처럼 먼저 원하는 영역을 마우스 드래그로 선택한 다음, 마우스 오른쪽 버튼을 눌러서 '도형 서식'을 선택해주세요.

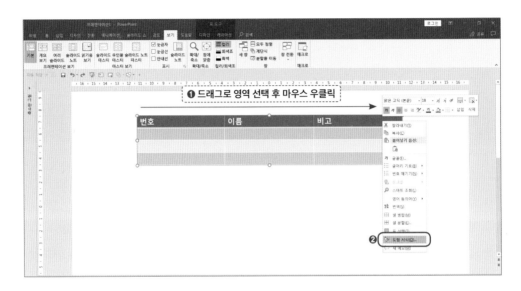

도형색을 바꾸듯이 '채우기'에서 원하는 색을 선택해서 바꿔주면 됩니다!

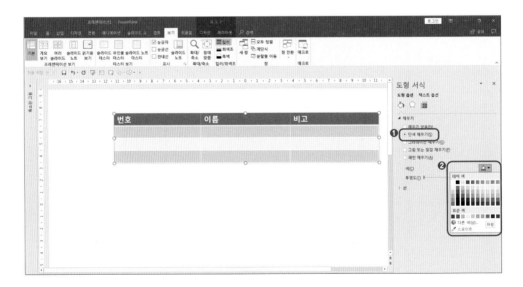

위와 같이 표 배경색은 쉽게 바꿨는데, 표 테두리를 바꿔주려고 '도형 서식' 메뉴를 아무리 뒤져봐도 '선' 기능은 비활성화되어 있고 도무지 어디서 바꿔줘야 하는 건지 알 수 없네요. 사실 표 테두리를 바꾸는 메뉴는 조금 다른 곳에 있어서 찾기가 쉽지 않아요. 먼저 표를 선택한 다음 상단 메뉴를 살펴보세요. '표 도구'에 '디자인'과 '레이아웃'이라는 메뉴가 보일 텐데, 이 중 '표 디자인'에서 테두리를 바꿔줄 수 있습니다(해당 메뉴명이 MS365에는 '표 디자인'으로, 2016 이하 버전에는 '표 도구>디자인'으로 표기되어 있습니다).

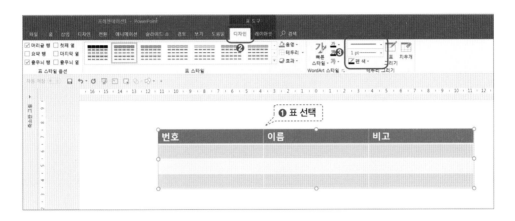

가장 먼저 아래 그림처럼 표 테두리의 종류와 두께를 선택합니다. 일반적으로 표 테두리 종류는 '실선'을 이용하고, 두께는 '0.5pt'를 추천합니다. 간혹 실무자들이 표를 돋보이게 하려고 테두리 두께를 두껍게 설정하는 경우가 있는데, 이럴 경우 시선이 표 테두리로 향하고 정작 전달하려는 표 내용에 집중되지 않을 수 있습니다. 따라서 표 테두리는 가급적 얇게 설정하기를 권합니다.

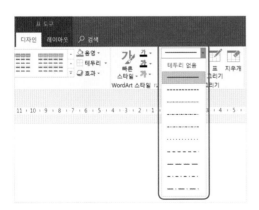

표 테두리의 색상도 설정합니다. 이때 눈에 잘 띄지 않는 '연한 회색'을 권합니다. 표 테두리를 얇게 하는 것과 마찬가지로 표 내용을 돋보이게 하는 방법 중 하나입니다.

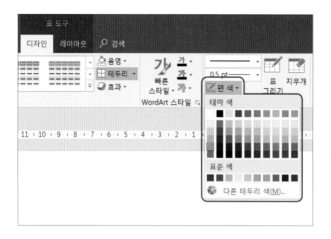

표 테두리의 두께와 색까지 설정했다면, 이제는 표의 어느 부분에 테두리를 적용할지를 선택하면 됩니다. 예를 들어 아래 그림처럼 '테두리'에서 '모든 테두리'를 클릭하면 설정한 테두리가 표 전체에 적용됩니다.

제목줄을 제외한 나머지 표 영역의 배경색을 없앤 다음 간단히 내용을 입력해주세요.

번호	이름	비고
1	홍길동	아버지를 아버지라 부르지 못함
2	이순신	자신의 죽음을 알리지 못함 동전에서 다시 태어나셨음
3	신사임당	지폐에서 가장 빛나고 계심

입력된 텍스트의 길이가 달라서 열너비를 조절할 필요가 있어 보입니다. 이런 경우 열 사이의 경계부분 테두리로 커서를 가져가면 크기 조절 아이콘으로 바뀌는데, 이 상태에서 더블클릭을 해주면 표의 각 셀에 입력된 데이터의 길이만큼 자동으로 너비가 조절됩니다. 이렇게 하면 표 크기를 관리하기가 매우 편리하겠지요?

번호	이름	비고
1	홍길동	크기 조절 아이콘 더블 클릭 ┃를 아버지라 부르지 못함
2	이순신	자신의 죽음을 알리지 못함 동전에서 다시 태어나셨음
3	신사임당	지폐에서 가장 빛나고 계심

표의 셀 높이를 한 번에 조절할 수도 있습니다. 아래 그림처럼 표를 선택한 뒤 '표 도구>레이아웃>행 높이를 같게'를 선택하면 모든 셀의 높이가 지정된 크기로 동일하게 변경됩니다. 열 너비를 동일하게 하고 싶다면 그 아래에 있는 '열 너비를 같게'를 활용하면 되겠네요!

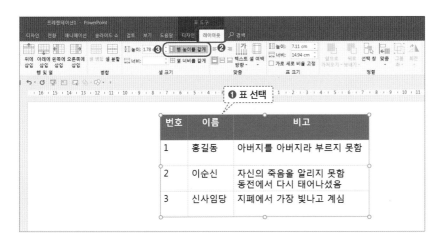

이번에는 위의 그림에서 셀 상단에 쏠려 있는 텍스트의 위치를 바꿔보겠습니다. 아래 그림처럼 '홈>텍스트 맞춤>중간'을 선택하면 텍스트의 세로방향이 중간정렬로 설정됩니다.

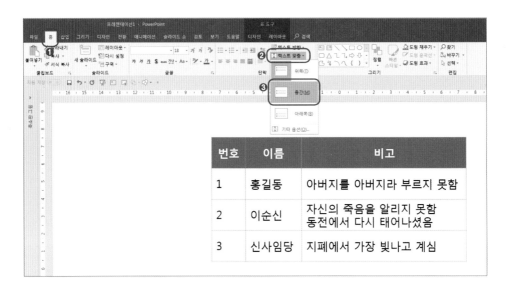

아래 그림은 필자가 주로 쓰는 표 디자인 형식입니다. 그림처럼 좌우 테두리를 없애서 탁 트인 느낌을 주고, 위·아래 테두리를 각각 1.5pt, 제목줄 색으로 설정하면 표의 시작과 끝 위치가 한 눈에 들어오는 효과를 줄 수 있습니다. 아래 표 디자인이 필수는 아니지만 한 번 써보면 마음에 들 거에요! 파워포인트에서 표는 '적절한 테두리 설정, 효율적인 높이와 너비 설정(테두리 경계 더블 클릭), 열/높이를 동일하게 설정'만 잘 활용하면 작업하는 데 큰 불편함이 없습니다.

번호	이름	비고
1	홍길동	아버지를 아버지라 부르지 못함
2	이순신	자신의 죽음을 알리지 못함 동전에서 다시 태어나셨음
3	신사임당	지폐에서 가장 빛나고 계심

② 엑셀에서 파워포인트로 표를 가져올 때

회사에서 파워포인트 자료를 만들다보면 엑셀 자료를 파워포인트로 '복사＋붙여넣기'해야할 일이 많습니다. 그런데 이때 아래 그림처럼 엑셀 자료가 원래 디자인이 아닌 이상한 형태로 붙여넣기되는 경우가 있습니다. 엑셀로 디자인한 자료를 파워포인트로 다시 해야 한다니… 게다가 셀 안의 텍스트도 여백없이 테두리 가까이에 배치되었는데, 여백 설정은 또 어떻게 해야 할지도 몰라서 난감하기만 합니다.

<엑셀에서 복사한 내용을 파워포인트에 붙여넣기한 형태>

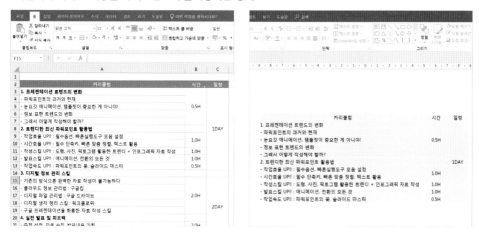

먼저 엑셀 디자인을 파워포인트에서 그대로 사용하는 방법부터 알아볼까요? 엑셀 자료를 복사(Ctrl+C)한 뒤 파워포인트에 붙여넣기(Ctrl+V)를 해주세요. 표가 복사되었음을 확인한 다음 아래 그림과 같은 우측 하단의 '붙여넣기' 옵션을 살펴봐주세요.

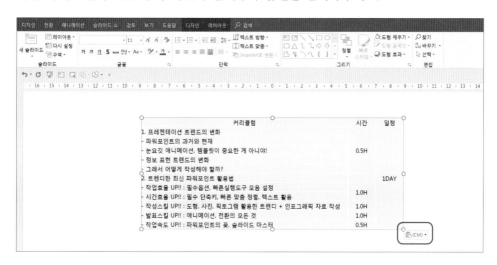

이 붙여넣기 옵션에서 좌측 그림처럼 두 번째 기능인 '원본 서식 유지'를 클릭합니다.

그랬더니 아래 그림처럼 엑셀 디자인 그대로 파워포인트로 삽입된 게 보이네요. 우와, 이렇게 새로 디자인하지 않아도 되는 것만으로도 너무 좋습니다! 하지만 텍스트가 표 테두리에 바짝 붙어있는 게 여전히 보기 싫네요. 표 내부의 여백 설정은 어떻게 하는 걸까요?

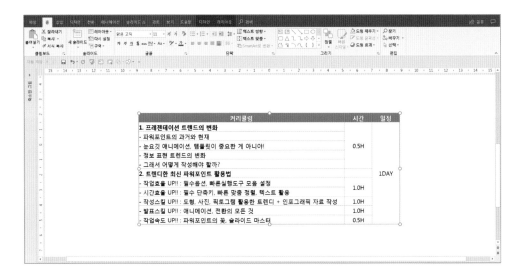

표를 선택하고 마우스 오른쪽 버튼을 눌러서 '도형 서식'을 선택한 다음, 좌측 그림처럼 일반적인 '채우기 및 선'이 아닌 '크기 및 속성'을 선택하고 '텍스트 상자'를 클릭합니다. 표 내부의 여백을 설정할 때는 이 메뉴를 활용해야 합니다. 파워포인트의 표 내부 기본 여백은 원래 '왼쪽/오른쪽=0.25cm', '위/아래=0.13cm'으로 설정되어 있는데, 엑셀에서 복사해서 붙여넣기한 표는 이 여백이 '0.02cm 이하'로 설정되어 있어서 텍스트가 테두리에 여백없이 바짝 붙게 된 거였네요.

표 내부 여백을 '왼쪽/오른쪽=0.5cm', '위/아래=0.2cm'로 설정하고, 테두리와 폰트까지 변경하고 나니 아래 그림처럼 표의 가독성이 한결 좋아졌네요! 이제부터 엑셀에서 파워포인트로 표를 가져올 때 고생할 일이 없겠지요? 팀장님에게는 비밀로 해요. 우리만 알고, 남는 시간에는 좀 쉬어야 하니까요!

커리큘럼	시간	일정
1. 프레젠테이션 트렌드의 변화		
- 파워포인트의 과거와 현재		
- 눈요깃 애니메이션, 템플릿이 중요한게 아니야!	0.5H	
- 정보 표현 트렌드의 변화		
- 그래서 어떻게 작성해야 할까?		
2. 트렌디한 최신 파워포인트 활용법		1DAY
- 작업효율UP!! : 필수옵션, 빠른실행도구 모음 설정	1.0H	
- 시간효율UP!! : 필수 단축키, 빠른 맞춤 정렬, 텍스트 활용		
- 작성스킬UP!! : 도형, 사진, 픽토그램 활용한 트렌디+인포그래픽 자료 작성	1.0H	
- 발표스킬UP!! : 애니메이션, 전환의 모든 것	1.0H	
- 작업속도UP!! : 파워포인트의 꽃, 슬라이드 마스터	0.5H	

3. 인포그래픽 : 도식화, 도해화, 다이어그램

회사의 의사결정권자들은 참 바쁜 것 같아요. 회의나 외부 미팅도 많은데, 우리가 올린 보고서를 검토해서 의사결정을 하거나 더 윗상사에게 보고해서 승인도 받아주어야 하니까요. 그래서 그런지 우리가 보고서를 만들어서 올리면 항상 이런 말을 하곤 합니다.

"한 눈에 들어오게 만들어주게."

상사가 원하는 '한 눈에 들어오는 보고서'는 어떻게 만들어야 할까요? '한 눈에 들어오는 보고서'를 검색해보니 크게 '기획'과 '디자인'으로 나뉘더라고요. '기획력'은 불필요한 내용을 줄이고 핵심내용만 키워드 중심으로 정리해서 결론을 도출하는 능력이라는데, 이건 금방 익혀지지 않겠네요. 기획력을 높이려면 많은 실무경험과 노하우를 쌓아야 한다니 앞으로 더 열심히 일해야겠어요.

그렇다면 '디자인'이 남는데, 그래픽을 전문으로 배운 디자이너도 아닌 우리가 이걸 어떻게 잘할 수 있을까요? 사실 정보를 표현하는 방법에는 익숙한 패턴들이 있어요! 다만 우리가 정보를 시각화해본 경험이 없거나, 그 익숙한 패턴들을 잘 몰라서 쓰지 못했을 뿐이지요.

과거에는 인터넷도 느렸고 주고받는 정보도 주로 단순한 텍스트 형태였기 때문에 시각화된 정보를 얻기가 쉽지 않았습니다. 하지만 지금은 시각화한 정보가 너무 많아서, 이제 단순한 긴 텍스트 형태의 정보는 읽기도 힘들고 정보를 파악하기도 어려워서 선호하지 않지요. 이런 이유로 점점 정보들을 시각적 개체들을 활용하여 시각화하는 경향이 커지고 있지요.

'인포그래픽'이란 이처럼 '정보를 시각화하여 빠르고 효과적으로 전달하는 정보표현 방법'을 말합니다. 지금부터 이 트렌디한 경험을 함께해보겠습니다. 파워포인트로 만들기도 너무 쉬워요!

① 순서 및 프로세스 인포그래픽　　☑ 2007 | 2010 | 2013 | 2016 | 2019 | MS365

실무에서 자료를 작성하다보면 행사운영의 순서나 향후 일이 어떻게 진행되는지에 대한 프로세스를 표현해야 하는 경우가 많습니다. 이런 경우 보통 아래 그림처럼 '1, 2, 3'식의 번호를 매겨서 단순한 텍스트로 표현합니다.

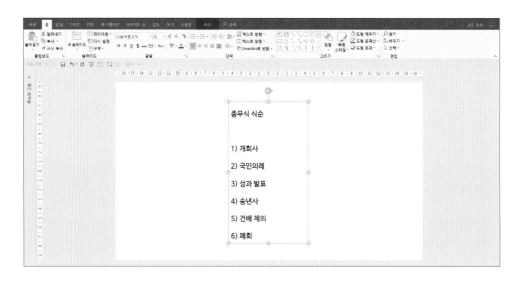

이제는 이렇게 만들어보세요! 먼저 아래 그림처럼 '삽입〉도형'을 클릭한 뒤 '블록 화살표' 카테고리에서 '화살표 : 갈매기형 수장' 모양을 삽입해주세요.

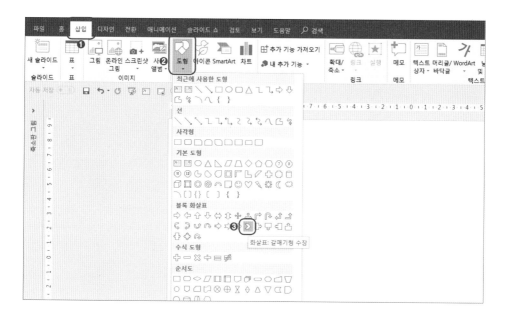

아래 그림처럼 생긴 도형인데, 이 도형을 얇고 길게 크기를 조절하면,

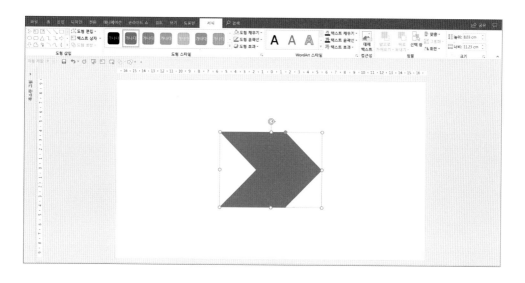

이런 도형이 됩니다! 이 도형을 선택한 뒤 'Ctrl+Shift+마우스 드래그'해서 일렬로 5개를 복사해주세요(Ctrl=개체 복사, Shift=수평이동).

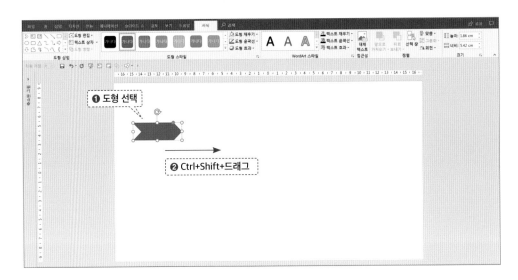

그런 다음 아래 그림처럼 복사한 개체들을 천천히 드래그해주면 도형 아랫쪽에 가이드 화살표가 표시되어 똑같은 간격으로 배치할 수 있습니다(2013 이상 버전만 지원).

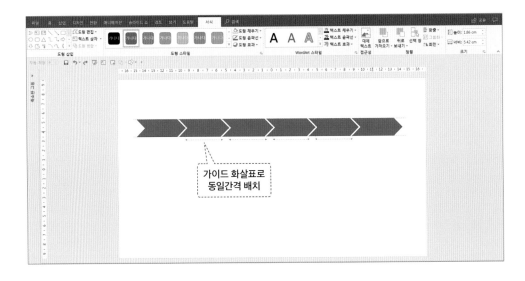

도형을 모두 선택한 뒤 한 가지 색상을 지정하고 테두리를 없애주세요.

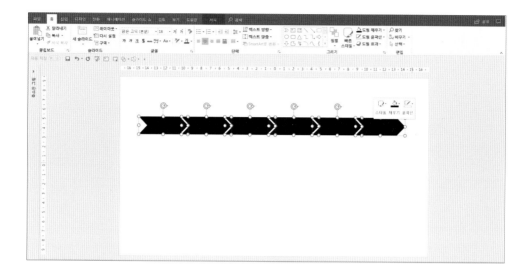

이제 자연스러운 흐름(process)을 표현하기 위해 각 도형의 색을 지정할 거에요. 먼저 5번째 도형을 선택하고 마우스 오른쪽 버튼을 눌러서 '도형 서식>채우기'에서 '투명도'를 '15%'로 지정해주세요.

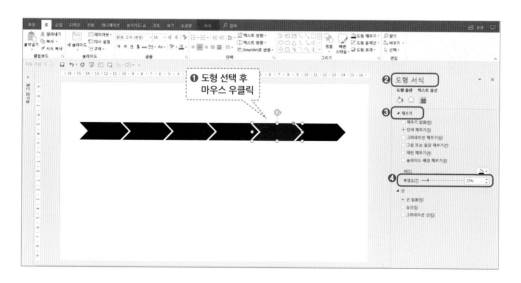

4번째 도형에는 30%를 지정합니다.

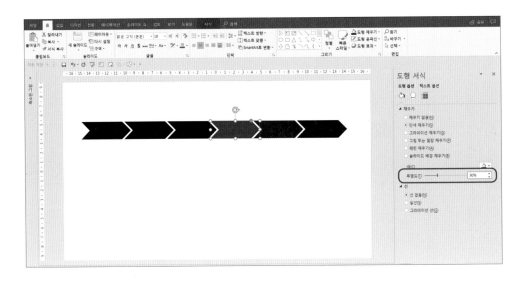

위와 같은 방법으로 각 도형의 투명도를 '15%' 단위씩 증가시키며 설정해주세요. 이처럼 색상은 한 가지만 사용하되, 투명도는 차등하게 설정함으로써 자연스럽고 편리한 색 활용을할 수 있답니다.

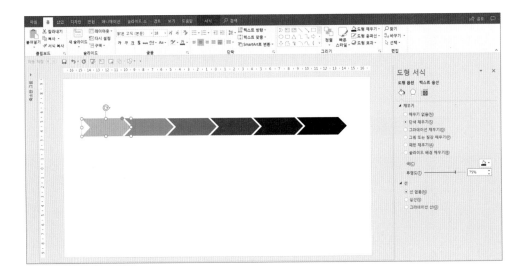

이제 각 도형을 선택하고 마우스 오른쪽 버튼을 눌러서 '텍스트 편집'을 클릭한 다음 도형 내부에 텍스트를 입력하면 됩니다.

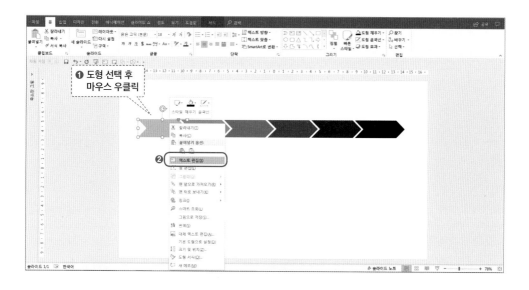

자, 아래 그림처럼 멋진 순서도가 완성되었습니다!

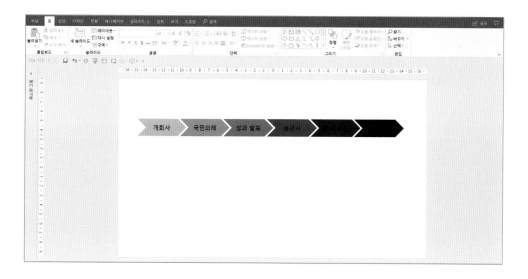

텍스트가 잘 보이지 않으면 색을 바꾸거나 폰트를 변경해줍니다. 아래 사례는 순서도 위에 제목까지 입력하여, 제목에는 배달의민족 을지로체를, 순서에는 나눔스퀘어체를 적용한 뒤 사진까지 배치했습니다. 이렇게 하면 만들기도 쉽고 보는 사람도 정보를 더욱 빠르고 흥미롭게 판단할 수 있겠지요? 지금 바로 활용해보세요!

〈사진 출처 : https://pixabay.com/photos/maca%C3%A9-chamber-legislature-maca%C3%A9-344518〉

② 연혁 및 일정 인포그래픽   ☑ 2007 | 2010 | 2013 | 2016 | 2019 | MS365

아래 그림과 같은 일정(시간)과 연혁 관련 자료 또한 회사 실무에서 많이 작성하는 유형입니다. 도형 활용이 번거로운 실무자들은 이런 자료를 그나마 표로 정리하기도 하는데요, 어떻게 하면 더 쉽게 작성하고 편리하게 수정할 수 있을까요? 자, 이제 이렇게 해보세요!

아래 그림처럼 '삽입>도형'을 클릭하고 '선' 카테고리에서 '직선'을 선택한 뒤 'Shift+드래그'로
슬라이드 왼쪽 끝에서부터 오른쪽 끝까지 그어줍니다.

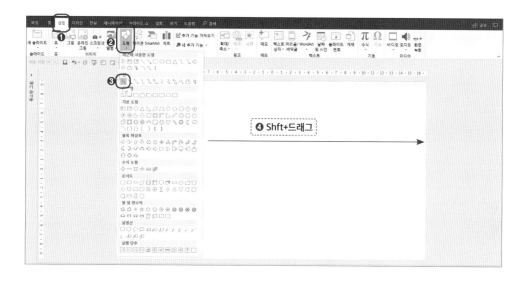

선의 색은 '연한 회색' 계열로 지정하고, 너비(두께)는 '0.5pt'로 지정해주세요. 간혹 도식화된
부분을 강조하기 위해 선을 굵게 지정하는 경우가 있는데, 이럴 경우 시선을 두꺼운 선에
빼앗겨 정작 전달해야 하는 내용에는 집중되지 않는 문제가 생길 수 있습니다.

이번에는 선 중간에 일정 표식이 될 수 있는 도형을 삽입해보겠습니다. '삽입>도형'에서 '타원'을 선택해서 'Shift+드래그'로 정각형 비율의 작은 원을 삽입합니다. 그런 다음 '도형 서식'에서 '채우기는 흰색', '테두리는 실선', '색은 선과 유사한 색'으로 지정한 뒤 '너비(두께)는 2pt'로 지정해줍니다. 그런 다음 선 위에 배치해주세요.

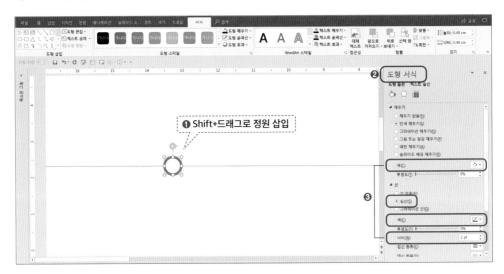

선 위 아래로 텍스트 상자를 삽입하고, 윗쪽에는 날짜를, 아랫쪽에는 업무내용을 입력해주세요. 참고로 날짜에는 나눔스퀘어 폰트, 업무내용에는 나눔스퀘어ExtraBold 폰트 식으로 패밀리폰트(예 나눔체)를 활용하면 내용이 좀 더 돋보이면서 가독성이 좋아집니다. 그런 다음 위 아래 텍스트 상자와 중앙의 원 모양을 선택한 뒤 상단 메뉴 중 '정렬>맞춤'에서 세로 방향 '가운데 맞춤'을 선택해서 아래 그림처럼 중앙으로 정렬해주세요.

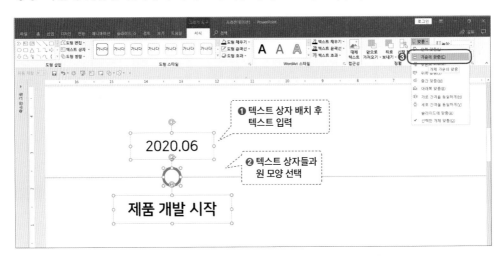

위 아래 텍스트 상자와 원 모양 도형을 모두 선택하고 마우스 오른쪽 버튼을 클릭한 다음 '그룹화>그룹'을 눌러서 하나의 개체로 설정해주세요. 이렇게 하면 일정을 추가하거나 삭제하기가 편리해져요!

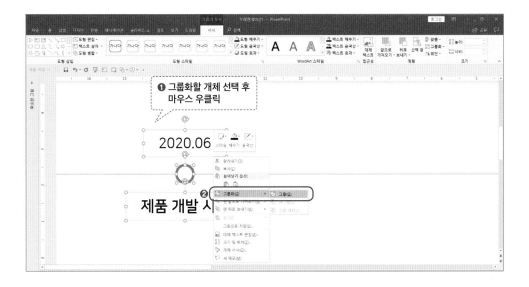

그룹화된 개체를 작게 줄이고 텍스트 크기도 개체에 맞게 조정한 다음 'Ctrl+Shift+드래그'로 개체를 총 5개 직선 이동 복사해줍니다.

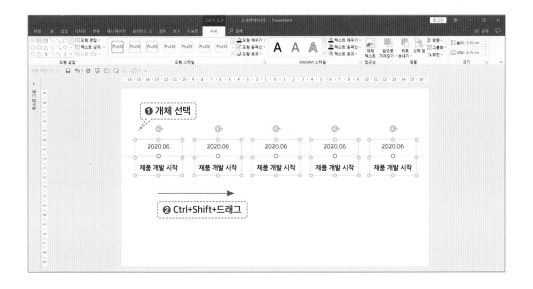

각 텍스트 상자의 내용을 수정해서 가운데에 적절하게 배치하고, 제목도 넣어보세요.

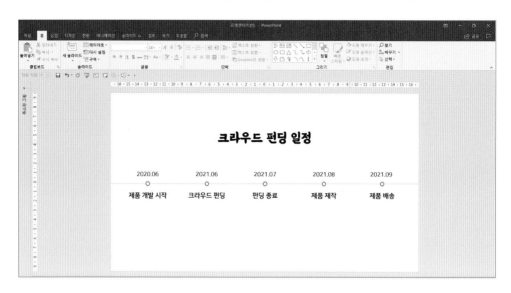

여기까지 작업하는 데는 큰 어려움이 없었지요? 그런데 실무에서 위와 같은 자료를 작성하다보면 상황에 따라 일정 등을 추가하거나 삭제할 때 새로 정렬하고 배치하는 작업이 매우 불편했던 경험이 있을 거예요. 자, 이럴 때는 이렇게 해보세요.

예를 들어 위의 사례에서 '제품 제작' 일정을 삭제한다고 가정해보겠습니다. 이런 경우 아래 그림처럼 '제품 제작' 일정을 삭제한 다음 남은 일정 4개를 선택해주세요.

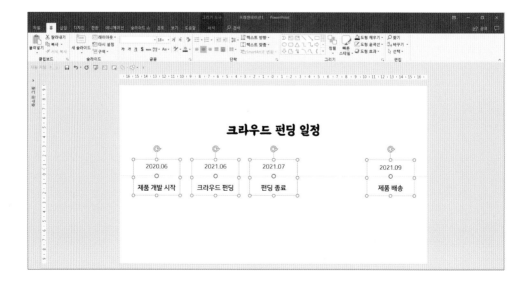

상단 메뉴에서 '서식>맞춤'을 클릭하고 '가로 간격을 동일하게'를 선택합니다. 짠! 간단하게
정렬과 배치가 완료되었습니다.

이번에는 반대로 일정을 추가해볼까요? 5개 일정이 모두 나와 있는 원래 상태에서 아래 그
림처럼 기존 자료 중 하나를 복사하여 텍스트 내용만 수정해주세요. 기존 5개 일정이 6개
가 되었습니다.

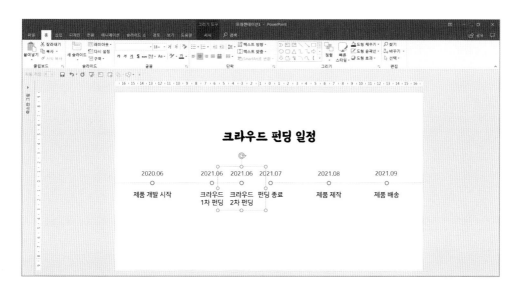

정렬방법은 앞서 방법과 마찬가지로 '서식>맞춤'에서 '가로 간격을 동일하게'를 선택해줍니다.

이렇게 간단하게 정리되었네요!

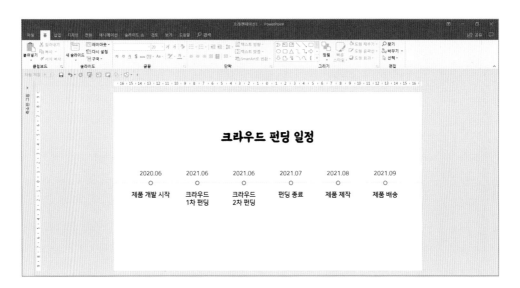

정리할 일정 등이 많다면 아래 그림처럼 가로형이 아닌 세로형으로 작성해보세요. 여기에 사진까지 더해주면 완벽한 자료가 될 거에요!

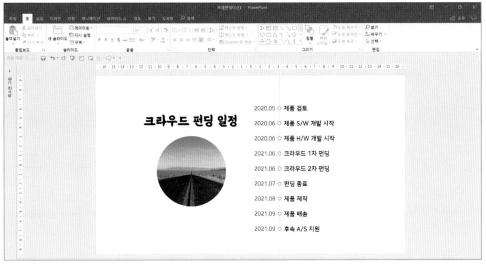

〈사진 출처 : https://unsplash.com/photos/5LsRnLsWC6I〉

③ SWOT 분석표

☑ 2010 | 2013 | 2016 | 2019 | MS365

회사소개서나 사업계획서, 공모전에서 빠지지 않고 작성되는 항목이 바로 'SWOT 분석 자료'입니다. SWOT란 강점(Strength), 약점(Weakness), 기회(Opportunity), 위협(Threat)의 약자로 현재 상황을 정확히 판단하고 미래 전략을 수립하는 데 널리 활용되는 분석방법이지요. SWOT 분석 자료는 다음 쪽 그림처럼 단순히 텍스트를 나열하는 식으로 작성하기도 하는데, 이런 경우 가독성이 현저히 떨어집니다.

<구글에서 'SWOT 분석'으로 검색한 결과>

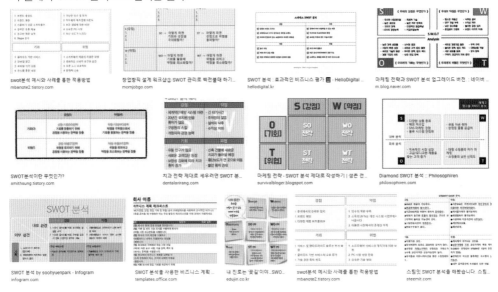

반면에 아래 그림처럼 SWOT 분석 장표를 '시각화'하면 더 빠르고 효과적으로 정보를 전달할 수 있습니다.

<구글에서 'SWOT PPT'로 검색한 결과>

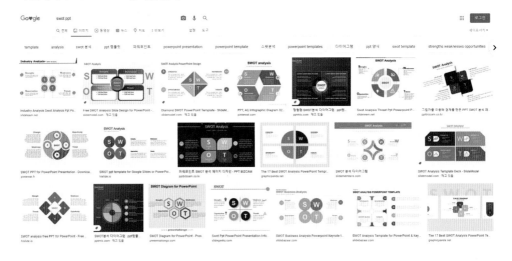

간단하지만 유용한 SWOT 시각화 방법! 지금부터 알아볼까요? 먼저 아래 그림처럼 '삽입〉
도형'에서 '사각형: 둥근 모서리' 개체를 삽입해주세요

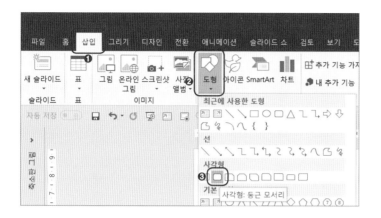

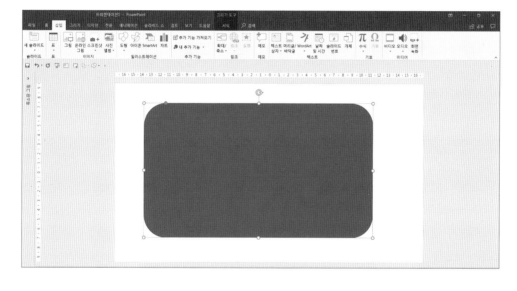

위와 같이 임의의 공간에 그냥 삽입한 다음 도형을 선택하고 아래 그림처럼 '서식>맞춤'에서 '가운데 맞춤'을 적용하고, 다시 도형을 선택한 상태에서 '서식>맞춤'에서 '중간 맞춤'을 선택하면,

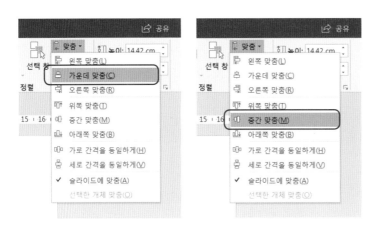

이렇게 도형이 슬라이드의 가로, 세로의 중앙에 배치됩니다. '파워포인트 2016 이상 버전'에서는 도형을 슬라이드 중앙으로 이동시키면 아래 그림처럼 '가이드선(그림에서 빨간 점선)'이 나오기 때문에 도형을 더 쉽고 편리하게 배치할 수 있습니다.

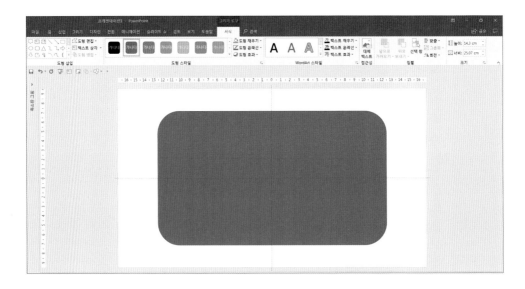

이제 도형을 복제(Ctrl+드래그 또는 Ctrl+C/Ctrl+V 또는 Ctrl+D)해주세요.

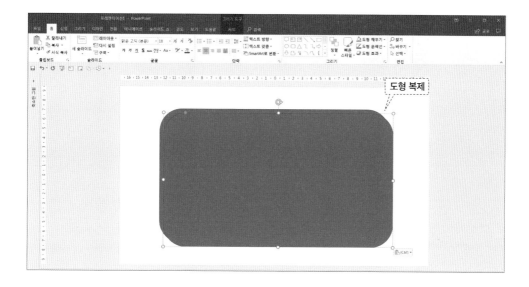

복제한 도형의 크기를 줄여준 다음 중앙에 배치해줍니다. 이때 아래 그림처럼 복제한 도형의 색을 바꿀 필요는 없습니다. 여러분이 두 도형을 잘 구별할 수 있도록 예제에서만 임의로 색을 바꾼 것뿐이니까요.

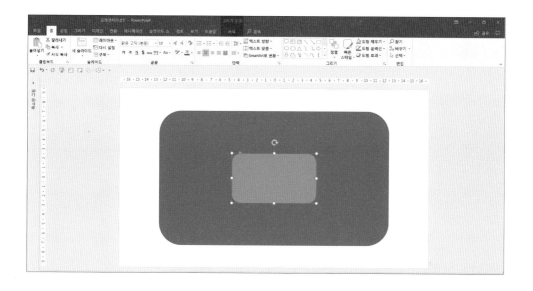

두 도형의 노란 핸들 조절점을 드래그해서 테두리 굴곡을 조금 완만하게 바꿔주세요. 이렇게 굴곡범위를 줄여주면 시각적 안정감과 함께 더 많은 정보를 담을 수 있습니다.

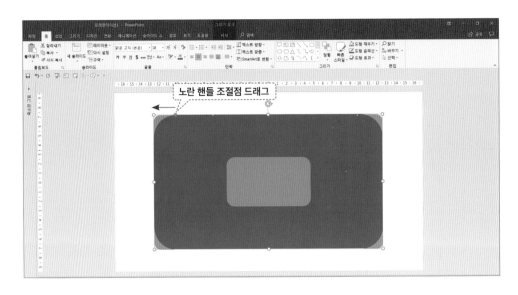

'삽입>도형'에서 '직사각형'을 선택해서 길고 얇게 배치해줍니다. 여기서도 도형의 색은 각 도형을 구분하기 쉽게 임의로 지정한 것일 뿐입니다.

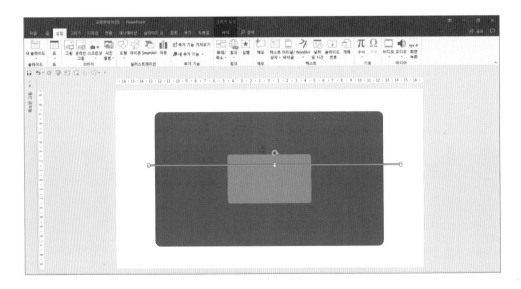

위에서 삽입한 긴 직사각형 도형을 선택하고 '서식>맞춤'에서 위 아래 '중간 맞춤'해주세요.

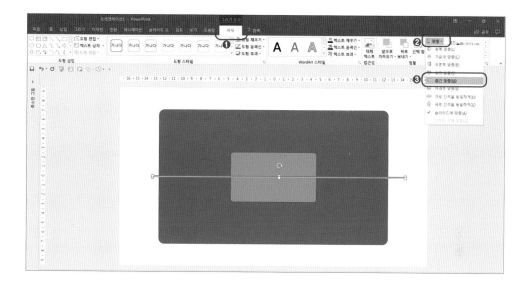

긴 직사각형 도형을 복제(Ctrl+드래그 또는 Ctrl+C/Ctrl+V 또는 Ctrl+D)해주세요.

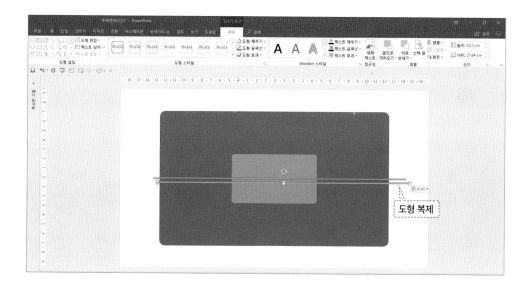

도형 복제

'Alt+← 또는 →'로 복제한 도형을 90도 회전시켜주세요.

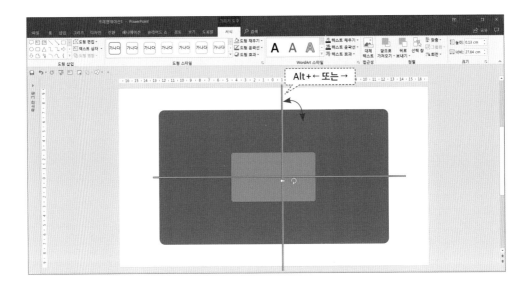

회전시킨 도형을 선택하고 '서식>맞춤'에서 '가운데 맞춤'해주세요.

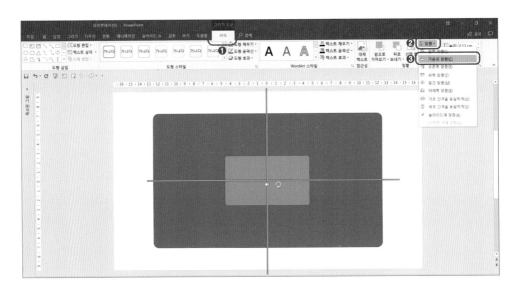

이제 모든 도형을 선택한 다음, '서식>도형 병합'에서 '조각'을 클릭합니다.

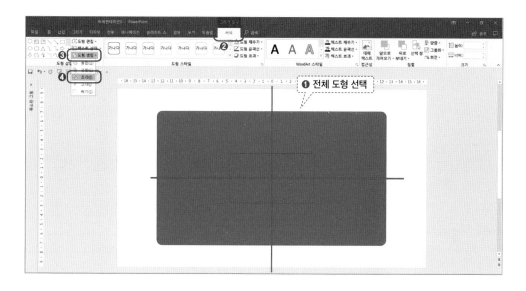

자, 아래 그림처럼 모든 도형이 산산조각났습니다.

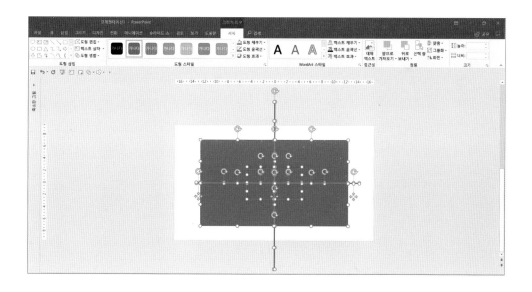

이제 상하좌우로 길게 배치했던 직사각형 조각을 삭제해주세요.

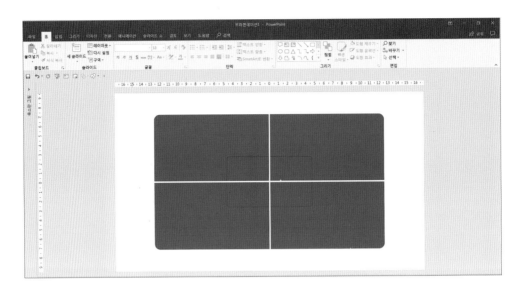

넓은 도형에는 연한 회색을, 강조할 영역인 작은 도형에는 포인트 색을 적용해주세요. 필자
는 표준색 중에서 진한 파랑을 포인트 색으로 써봤습니다. 모든 도형의 선(테두리)은 회색
계열 색에 너비 0.5pt를 적용했어요.

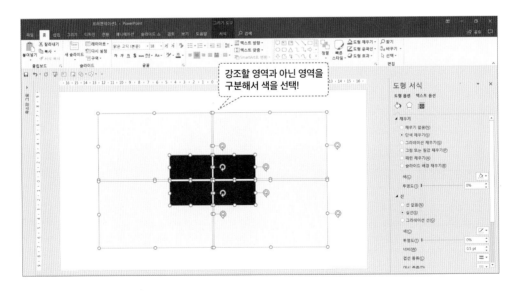

자, 이제 '삽입>텍스트 상자'를 활용해서 내용만 채워넣으면 끝입니다!

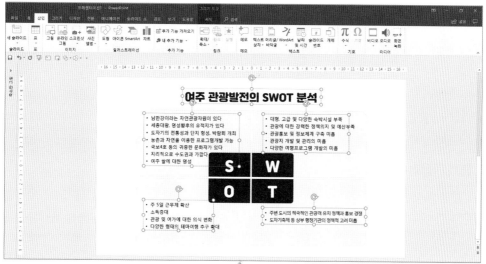

(텍스트 출처 : 여주시청, http://www.yeoju.go.kr/history/jsp/Common/Image_View.jsp?Num=3734&V_Type=A&T_Type=A)

아래 그림처럼 폰트의 굵기와 색상 등을 이용해 강조하고 싶은 내용을 더욱 돋보이게 표현하는 방법도 활용해보세요!

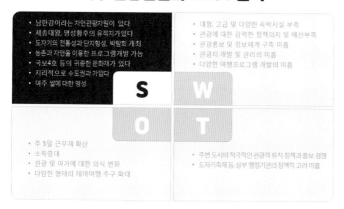

위에서처럼 도형 병합의 조각 기능을 활용하면, 조각난 각각의 도형에 색상과 디자인을 개별적으로 적용할 수 있다는 큰 장점을 얻을 수 있습니다. 다만 '파워포인트 2010'에는 '조각'

기능이 없어서 위의 작업을 하기가 수월하지 않습니다. '셰이프 결합>빼기' 기능으로 비슷하게 구현할 수는 있지만 각각 낱개의 도형으로 조각나지 않아서 디자인 작업도 불편하고, 만드는 과정도 불편하지요. 따라서 위와 같은 작업을 할 때는 가급적 최신 버전 활용을 추천합니다.

4. 파워포인트 문서 주요 페이지 작성 전략

① 표지 만들기

대부분의 회사에는 정해진 템플릿 형식이 있어서 파워포인트 문서를 만들 때 크게 고민할 필요가 없습니다. 그런데 간혹 회사 템플릿을 사용할 수 없는 자료를 작성해야 할 때는 표지 등을 별도로 만들어야 하지요.

이런 경우 워드프로세스에 익숙한 직장인들은 별 생각없이 아래 그림처럼 워드프로세스 문서를 만들 듯이 표지를 사진 따로 텍스트 따로인 형태로 구성합니다. 아아, 아니에요! 트렌드가 바뀌었다고요! 자, 지금부터 사진은 큼지막하게! 텍스트는 가슴에 와닿게!! 바꾸는 방법을 알아보아요.

<워드프로세스 자료 형태의 전통적인 표지>

〈사진 출처 : https://unsplash.com/photos/5brvJbR1Pn8〉

먼저 사진을 선택하고 그림 도구의 '서식>자르기>가로 세로 비율'에서 현재 파워포인트 편집 화면 비율에 맞춰 잘라준 다음 전체 화면 크기로 늘려줍니다. 이때 파워포인트 2010 이하 버전이라면 기본 4:3 비율을, 2013 이상 버전이라면 16:9 비율을 선택하면 됩니다.

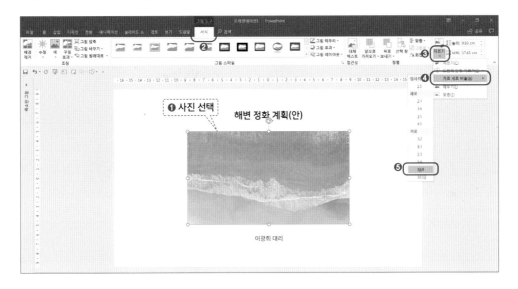

'삽입>도형'에서 '직사각형'을 선택해서 삽입하고 '색은 흰색, 투명도는 15%, 테두리 선은 없음'으로 설정해서 아래 그림처럼 배치합니다. 그림 좌측처럼 사진 위에 텍스트를 바로 배치하면 가독성이 떨어지므로 이런 식으로 도형을 활용해서 가독성을 높이려는 것입니다.

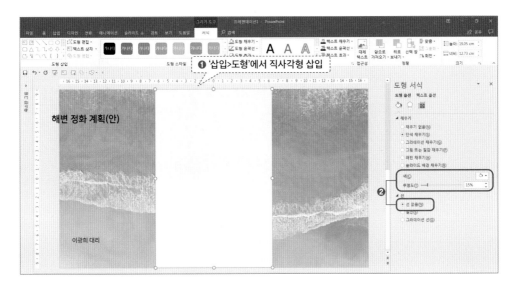

직사각형 도형 위에 텍스트를 배치해서 표지의 기본 형태를 완성해주세요. 참고로 아래 사례에서는 제목에 여기어때잘난체를 사용했습니다.

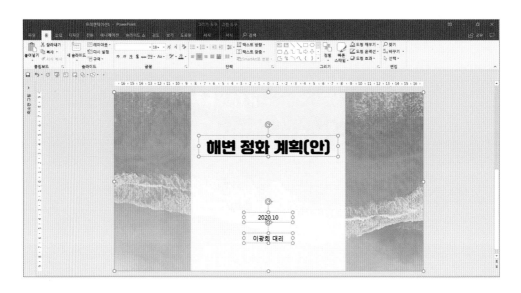

이번에는 스포이트 기능을 이용해서 표지 텍스트의 색을 배경과 자연스럽게 어울리게 바꿔보겠습니다. 아래 그림처럼 텍스트를 선택하고 상단 홈 메뉴 중 '글꼴 색'에서 '스포이트' 기능을 선택한 다음 배경 사진의 대표적인 색인 바다색을 추출해서 텍스트에 적용해보세요. 참고로 스포이트 기능은 파워포인트 2013 이상 버전에서만 사용할 수 있습니다.

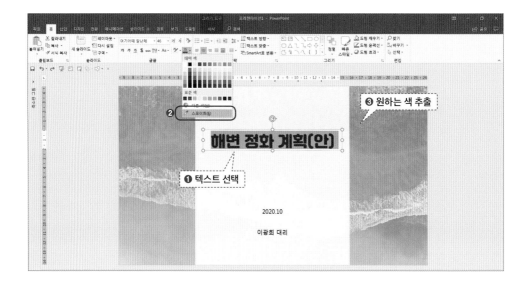

사진에서 바다색이 가장 진한 부분을 스포이트로 추출해서 텍스트에 적용하면 배경과 가장 자연스럽게 어울리는 색을 활용할 수 있어요.

이제 여러분 각자 위의 기능들을 응용해서 아래 사례들처럼 다양한 형태의 표지를 작성해 보세요!

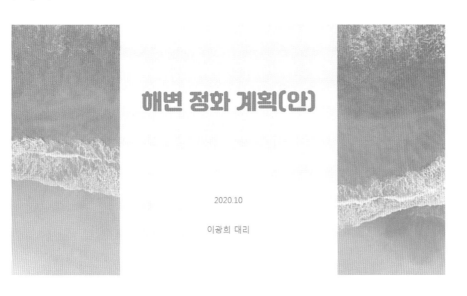

② 캡처한 뉴스기사 활용은 이렇게

'신문기사 인용'은 자료의 신빙성과 전문성을 더해주는 방법 중 하나에요. 하지만 아래 그림처럼 작은 인터넷 기사내용을 덕지덕지 붙여서 배치하면 잘 보이지도 않을 뿐더러 가독성도 떨어져서 오히려 정보전달력이 떨어질 뿐 아니라 무슨 내용인지조차 모르게 될 수도 있습니다. 자 이럴 때는 이렇게 해보자고요!

<뉴스기사를 캡처해서 삐뚤빼뚤하게 배치된, 정보전달력이 떨어지는 자료>

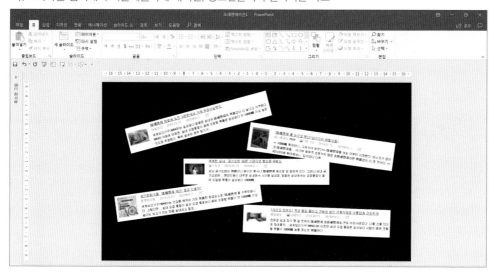

먼저 네이버에서 아래 그림과 같은 키워드로 검색을 합니다. 물론 똑같은 키워드를 사용하지 않아도 됩니다. 여러분이 전달하려는 메시지에 대한 뉴스 검색화면을 캡처하기 위한 사례일 뿐이니까요.

위 키워드에 대한 뉴스 검색화면 중 일부 자료를 캡처한 다음 아래 그림처럼 파워포인트에 삽입해주세요.

슬라이드 빈 공간에 마우스 오른쪽 버튼을 클릭하고 '배경 서식>채우기'에서 검은색을 선택해서 해당 공간을 채워주세요. 뉴스기사에 더욱 집중될 수 있도록 말이에요.

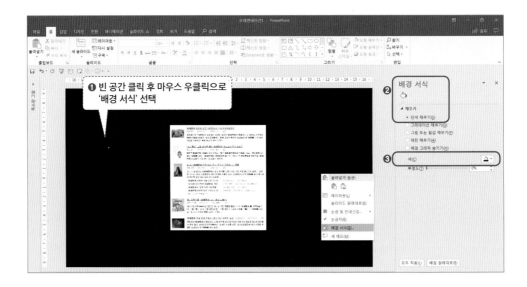

사진을 슬라이드 높이에 맞춰 꽉 채워준 다음('Shift+모서리 드래그'해서 비율을 고정한 채로 크기 변경) 사진을 선택한 상태에서 상단 메뉴의 '서식>꾸밈 효과'에서 '흐리게'를 선택해서 사진을 조금 흐리게 만들어주세요.

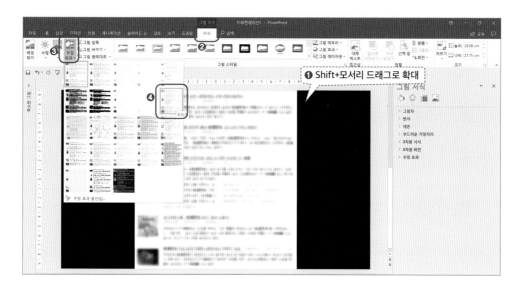

만일 사진이 너무 흐리게 바뀌었다면 아래 그림처럼 다시 사진을 선택하고 마우스 오른쪽 버튼을 클릭한 다음 '그림 서식>꾸밈 효과'에서 '반경'을 '5' 정도로 조절해주세요.

'삽입>도형'에서 '직사각형'을 선택해서 캡처 화면 위에 배치해주세요.

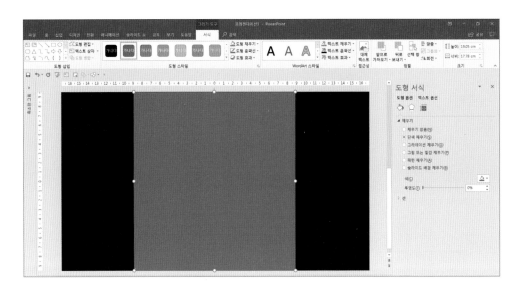

위에서 삽입한 직사각형 도형을 선택하고 마우스 오른쪽 버튼을 눌러서 '도형 서식'을 선택한 다음, 아래 그림처럼 '색은 검정색, 투명도는 30%, 테두리는 없음'으로 설정해주세요.

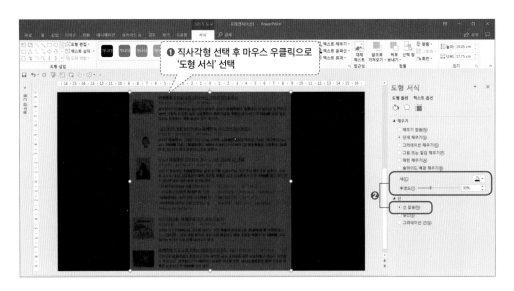

이제 신문기사를 전문성을 더해주는 자료로써 활용하기 위해 캡처 화면 위에 도형을 삽입해서 전달하려는 메시지를 직접 입력할 거에요. 먼저 '삽입>도형'을 눌러서 '직사각형(색은 흰색, 테두리는 없음)'을 캡처 화면 위에 삽입하세요. 그런 다음 도형을 선택한 상태에서 마우스 오른쪽 버튼을 누르고 '텍스트 편집'을 선택해서 텍스트를 입력해주세요.

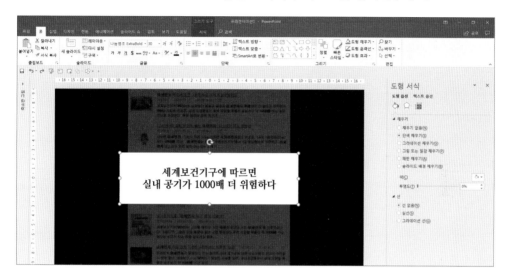

이번에는 입력한 텍스트 중에서 강조하고 싶은 메시지를 붉은 색으로 강조한 뒤, 텍스트 상자에 그림자 설정을 해서 살짝 떠있는 듯한 느낌을 줘보겠습니다. 아래 그림처럼 도형을 선택하고 마우스 오른쪽 버튼을 클릭해서 '도형 서식'을 선택한 다음 '효과>그림자'에서 '크기는 110%, 흐리게는 7pt'를 적용해보세요.

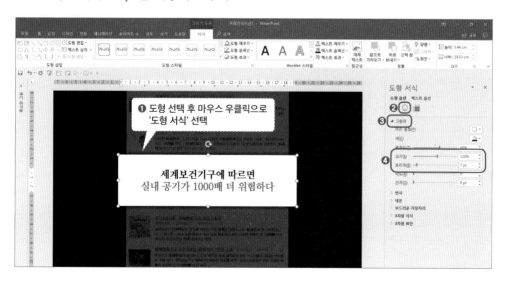

자, 이제 신문기사를 인용하여 신빙성과 전문성이 돋보이는 자료로 고도화되었습니다!

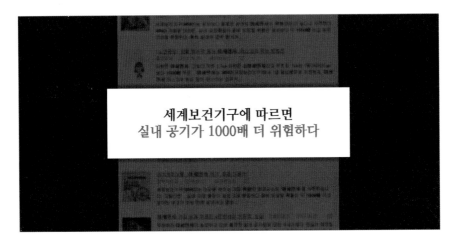

③ 이미지의 특정 부분 강조하기

아직 새파란 신입에게는 회사에서 오랫동안 근무한 선배와 관리자들이 대단하고 존경스럽기까지 합니다. 그래서 어깨 너머로 열심히 일을 배우기도 하고 선배들이 만든 자료를 따라해보기도 하지요. 아, 그런데 이것만은 좀 바꾸고 싶습니다. 아래 그림처럼 사진의 중요 포인트에 습관처럼 빨간색 동그라미를 둘러서 강조하는 방식 말이에요. 이렇게 해도 강조할 부분이 한 눈에 들어오지도 않는데 예전부터 해오던 방식이라 습관처럼 이어져온 것 같아요. 이럴 땐 이렇게 해보세요! 꼭 필요한 부분만 잘 보이도록 강조하는 방법이 있습니다.

〈사진 출처 : https://unsplash.com/photos/g1Kr4Ozfoac〉

먼저 아래 그림처럼 사진을 삽입한 다음 슬라이드 크기만큼 키워주세요. 시각적으로 강조해주어야 하는 개체인 만큼 크게 작업하는 것이 좋겠지요?

'삽입>도형'에서 '직사각형'을 선택한 다음 사진 위에 꽉 채워서 배치해주세요.

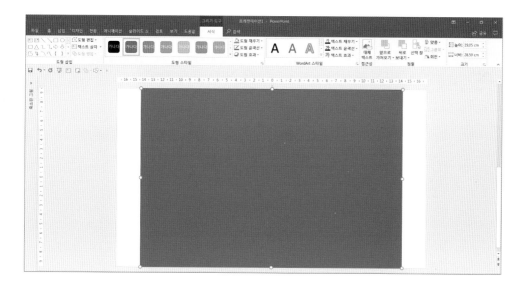

삽입된 도형을 선택하고 마우스 오른쪽 버튼을 클릭해서 '도형 서식'을 선택한 다음 '채우기 및 선'에서 '색은 검정색, 투명도는 40%, 선은 선 없음'으로 적용해주세요.

'삽입>도형'에서 '원'을 선택하고 'Shift+드래그'로 정원을 삽입한 다음 강조하고 싶은 부분에 배치해주세요.

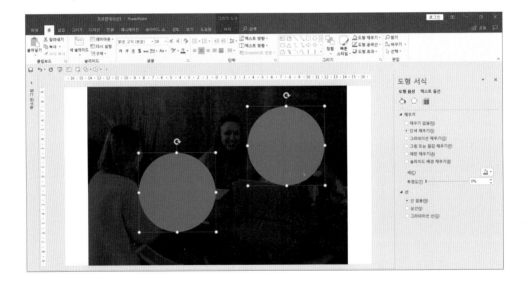

도형 때문에 사진이 잘 안 보여서 강조할 부분에 정확히 배치하기 어려운 경우 아래 그림처럼 도형의 투명도를 50%로 적용하면 도형이 투명해져서 배치하기가 쉬워져요!

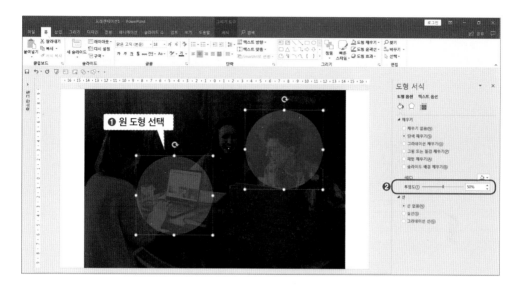

이제 '도형 병합'의 '빼기' 기능으로 '하이라이트 효과'를 줄 거예요. 도형 병합은 선택하는 순서가 매우 중요하다는 사실 잊지 않았지요(76쪽 참조)? 사각형 도형을 먼저 선택한 뒤 Shift 키를 누른 상태에서 나머지 원들을 순서대로 선택해주세요(주의! 반드시 사각형 먼저 선택!). 참고로 도형 병합 기능은 2010 버전 이상에서만 활용할 수 있으며, 2010 버전에서 이 기능과 비슷한 셰이프 병합 기능을 활성화하는 방법은 82쪽 팁을 참조하세요.

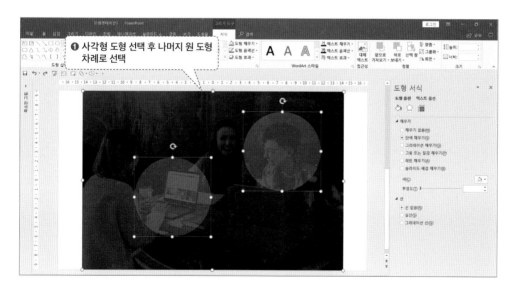

그런 다음 상단의 '서식' 메뉴에서 '도형 병합>빼기'를 선택하면, 짠! 아래 그림처럼 불필요한 부분에 시선을 뺏기지 않고 강조하고 싶은 부분만 돋보이게 하는 '하이라이트 효과'가 적용되었네요. 마치 연극에서 독백할 때 무대는 어둡게 하고, 주인공에게 하이라이트 조명이 비춰지는 것과 같은 효과에요!

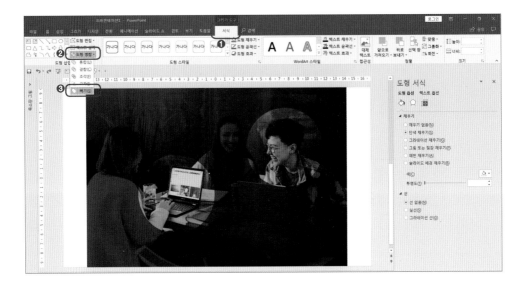

그동안 우리가 얼마나 고정관념을 가지고 자료를 작성했는지 깨닫고, 이제부터라도 빨간색 동그라미 세상에서 벗어나보자고요. 여러분 인생에도 하이라이트를 켜보세요!

Chapter 03 행사자료(시무식, 종무식, 신입생 환영회 등)

회사에서 한 해를 마무리하거나 시작하는 시점에 인사총무팀에서 반드시 준비·운영해야 하는 행사가 바로 '종무식'과 '시무식'입니다. 바로 아래 사진과 같은 느낌의 행사이지요.

〈출처 : https://pixabay.com/photos/maca%C3%A9-chamber-legislature-maca%C3%A9-344518〉

한 해의 성과를 검토·공유·반성·축하하고 다음 해를 다짐한다는 의미에서 회사의 대표가 매우 중요하게 생각하는 행사인 만큼 어느 행사보다 더 신경써서 준비해야 합니다. 그런데 필자가 인사총무팀에서 근무할 때 종무식 행사와 관련해서 갑자기 이런 지시를 받은 적이 있습니다. 당장 내일이 행사인데 팀장님이 갑자기 한 해를 돌이켜볼 수 있는 자료를 준비하라는 겁니다. 행사 사진만 500장인데, 갑자기 이 사진들을 슬라이드 하나하나에 삽입하고 음악 넣고 전환효과까지 적용하라고 하시면 저는 야근을 해야 하는데… 왜 그러셨어요, 팀장님~ ㅠㅠ 그냥 단순작업도 아니고 사진 500장을 단순 반복 삽입하는 노동이라니요….

사실 당시에는 필자 역시 지금 소개할 기능을 몰랐기 때문에 당일 저녁 8시부터 다음날 새벽 4시까지 사진 500장을 일일이 슬라이드에 끼워넣는 단순 반복작업을 했습니다. 중간에 2시간 정도는 작업을 멈추고 언제 퇴사할 것인가를 진지하게 고민했으니, 실제로는 꼬박 6시간이 걸린 셈이네요.

그런데 여러분, 이 작업을 5분이면 끝낼 수 있다면 믿겠나요? 사진 500장을 5분여 만에 영상화하는 비법, 지금부터 함께 알아봅시다! 다만 500장으로 실행하면 용량 문제로 컴퓨터가 느려질 수 있으니 여기서는 50장으로 따라해보겠습니다. 아래 다운로드 경로를 통해 제공하는 50장의 사진을 이용해볼 건데요, '사진 앨범'이라는 기능을 이용해서 이 사진들을 슬라이드에 배치해보겠습니다.

▶ **사진 다운로드 http://bit.ly/파워포인트실무스킬북** (출처 : unsplash.com)

먼저 파워포인트 새문서를 열어서 '삽입>사진 앨범'에서 '새 사진 앨범'을 클릭해주세요.

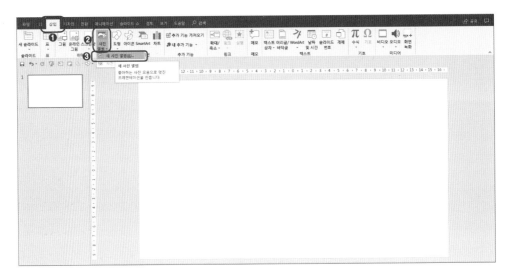

사진 앨범 창이 뜨면 '파일/디스크'를 클릭해주세요.

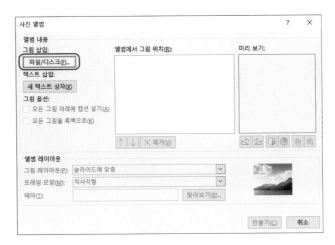

사진을 모두 선택한 뒤 '삽입'을 클릭해주세요.

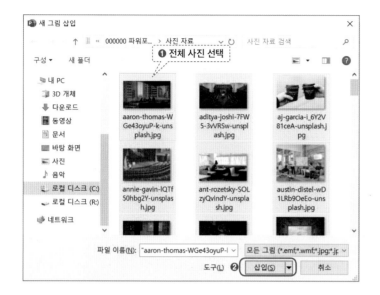

이제 '만들기'만 클릭하면 사진배치는 끝!

세상에나! 모든 사진들이 각 슬라이드당 한 장씩 들어갔네요! 이 기능을 몰랐다면 각 슬라이드마다 사진을 한 장씩 삽입했을 텐데, 너무 좋은 기능이지 않나요? 자, 이제 슬라이드들이 동영상처럼 보일 수 있게 설정해보기로 해요.

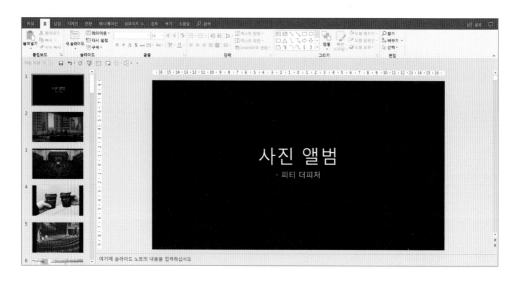

먼저 불필요한 첫 번째 슬라이드는 삭제한 다음 아래 그림처럼 모든 슬라이드를 선택해주세요. 모든 슬라이드를 선택하려면 첫 번째 슬라이드를 클릭한 다음 Shift 키를 누른 상태에서 마지막 슬라이드를 클릭해도 되고, 단축키인 'Ctrl+A'를 사용해도 됩니다.

전체 슬라이드에 '전환>밝기 변화'를 적용해주세요. 슬라이드와 슬라이드 화면을 자연스럽게 전환시켜주는 기능이에요.

이번에는 일일이 마우스를 클릭하지 않아도 슬라이드 화면이 자동으로 전환되도록 설정해볼게요. '전환'을 클릭한 다음 상단 우측 메뉴를 살펴보면 '화면 전환'이라는 메뉴 밑에 '마우스를 클릭할 때'와 '다음 시간 후'라는 기능이 있습니다. 기본 설정은 아래 좌측 그림과 같은데, 이를 우측 그림처럼 바꿔주세요.

위와 같이 '마우스를 클릭할 때'의 체크를 해지하면 따로 클릭하지 않더라도 슬라이드가 자동으로 전환됩니다. 그런 다음 몇 초 간격으로 슬라이드를 전환시킬지를 결정해서 '다음 시간 후'의 시간단위로 변경해주면 됩니다. 필자의 경험상 '5초'가 적당하기는 한데, 사진이 많거나 속도감이 필요하다면 '3초'를 추천합니다.

이렇게 설정하고 'F5' 키를 누르면 전체 화면으로 슬라이드 쇼를 볼 수 있어요! 설정된 첫 슬라이드 화면이 나오면서 설정된 시간이 지나면 자동으로 다음 슬라이드 화면으로 전환되어서 마치 영상을 보는 듯한 느낌을 줍니다. 한 해 추억을 되돌려보기에 딱 좋은 효과네요!

그런데 아직 뭔가 밋밋한 느낌이 듭니다. 아무 소리도 나지 않으니 심심한 기분이 들어요. 그렇다면 이번에는 음악을 삽입해보겠습니다. 우선 음악파일(mp3)이 필요하니까 유튜브에서 제공하는 무료 음악을 검색해보겠습니다. 아래 그림처럼 https://www.youtube.com/audiolibrary/music에 접속해보세요.

다양한 음원들을 장르, 기분, 악기, 시간 등의 분류로 제공하고 있는데요, 필자는 여기서 아래 그림처럼 '장르 : 팝, 분위기 : 행복'으로 필터링하여 Entire이라는 음원을 들어보았어요. 아주 마음에 듭니다! 여러분도 각자의 선호도에 따라 필터링해서 마음에 드는 음원을 우측 다운로드 화살표를 클릭해서 다운로드해보세요. 필자는 'Entire.mp3' 파일을 다운로드했습니다.

다시 파워포인트로 이동해서 첫 번째 슬라이드를 선택해줍니다. 그리고 '삽입>오디오'에서 '내 PC의 오디오'를 선택해서 다운로드받은 mp3 파일을 파워포인드에 삽입해주세요.

아래 그림처럼 스피커 모양의 아이콘이 삽입되었네요. 이번에는 영상을 재생할 때 스피커 아이콘이 보이지 않고 모든 슬라이드에서 계속 재생되도록 설정해볼까요?

삽입된 스피커 모양 아이콘을 클릭하고 상단의 '재생' 메뉴를 보니 아래 그림처럼 '스타일 없음'으로 설정되어 있네요.

이를 아래 그림처럼 '백그라운드 재생'으로 선택해주세요. 그리고 '시작' 유형은 '자동 실행'으로, 아이콘은 '쇼 동안 숨기기'를 선택해서 슬라이드 쇼가 진행되는 동안 보이지 않게 설정하면 '모든 슬라이드에서 재생'과 '반복 재생'이 자동으로 선택되어 우리가 원했던 기능을 한 번에 적용할 수 있습니다. 이제 기쁜 마음으로 'F5' 키를 눌러주세요. 전체 화면으로 영상이 재생됨과 동시에 삽입한 음악이 자동으로 재생됩니다!

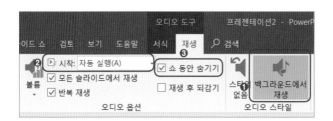

참고로 파워포인트 2010에서 위의 기능을 실행할 때는 메뉴구성상의 차이가 있습니다. 2010 버전을 사용하고 있다면 아래 그림처럼 '오디오 도구>재생>오디오 옵션'에서 '시작>모든 슬라이드에서 실행'을 선택해서 해당 기능을 적용해주세요.

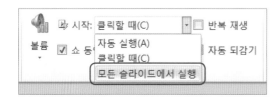

자, 이제 내일 행사를 위해 최종적으로 자료를 점검하고 리뷰해보아야겠네요. 앗! 그런데 영상이 잘 돌아가는지 확인하던 중에 이슈가 하나 발생했네요! 영상을 보여주는 것이 사전 행사라서 종무식 30분 전부터 재생시켜야 하는데, 지금은 5초 간격으로 50장의 슬라이드를 돌리는 거라서 4분 10초만 재생된다는 이슈가 생긴 것이지요. 영상을 끊지 않고 계속 재생시킬 수 있는 방법은 없을까요? 당연히 있습니다!

먼저 아래 그림처럼 상단 메뉴에서 '슬라이드 쇼>슬라이드 쇼 설정'을 클릭해주세요.

그러면 아래 그림과 같은 창이 나오는데, 여기서 '보기 옵션'을 〈Esc〉 키를 누를 때까지 계속 실행'으로 체크해주세요. 이렇게 설정하면 Esc 키를 누르기 전까지 영상이 계속해서 반복 재생됩니다. 즉, 첫 번째 슬라이드부터 마지막 슬라이드까지 재생된 다음 첫 번째 슬라이드부터 다시 재생된다는 것이지요. 어때요? 참 쉽지요?

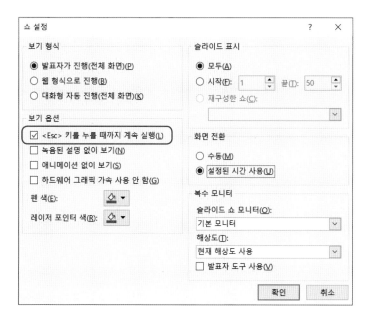

위의 내용에서 '사진앨범 기능'과 '음악과 슬라이드 쇼가 자동 반복 재생되도록 세팅하는 방법', 이 2가지 포인트는 꼭 기억해두세요! 자, 이제 이런 식으로 효율적으로 작업을 끝내놓고 팀장님에게는 실컷 놀다가 보고하세요. 매우 힘들고 번거로운 작업이었고 시간도 많이 걸려서 힘들었다는 표정과 함께 칭찬을 바라는 얼굴로요!

Chapter 04 나만의 고퀄리티 도장 만들기

회사업무를 하다보면 아래 그림과 같이 각종 서류의 '(인)'이라는 영역에 사인이나 개인 도장을 찍을 일이 많습니다.

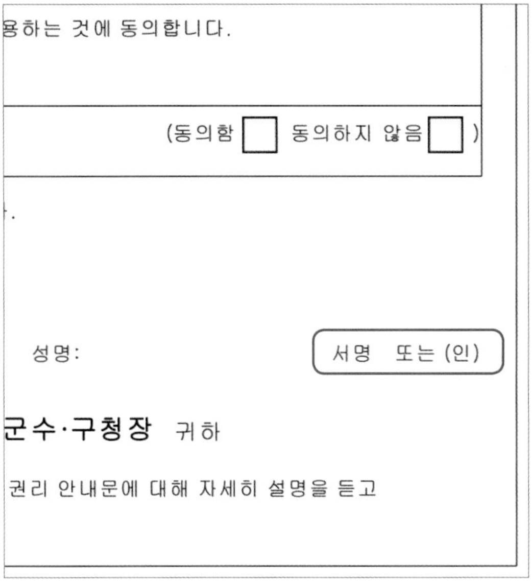
용하는 것에 동의합니다.

(동의함 □ 동의하지 않음 □)

ㅏ.

성명: 서명 또는 (인)

군수·구청장 귀하

권리 안내문에 대해 자세히 설명을 듣고

무슨 동의서, 무슨 신청서, 어떤 확인서 등등 세상에 내가 서명할 곳이 이렇게 많은 줄 회사에 들어오고야 알았네요. 일 좀 한다는 사람들은 종이에 도장을 찍거나 사인을 해서 스캔받은 뒤 흰색 배경을 제거한 디지털 이미지를 만들어서 활용하기도 하지요. 하지만 이럴 경우 이미지가 흐릿흐릿하거나, 배경이 완벽히 제거되지 않아서 퀄리티가 떨어지기 쉽습니다.

이제 파워포인트로 나만의 도장과 사인을 만들어보세요. 만들기도 쉽고 활용도도 매우 높습니다! 게다가 퀄리티까지 높은 것은 덤이지요!

1. 나만의 디지털 도장 이미지 만들기

2010 2013 2016 2019 MS365

그럼 좌측 그림과 같은 도장 이미지를 파워포인트로 뚝딱 만들어볼까요?

먼저 아래 그림처럼 '삽입>도형'에서 '타원'을 삽입해주세요. 크기나 비율 상관없이 아무렇게나 넣어도 됩니다.

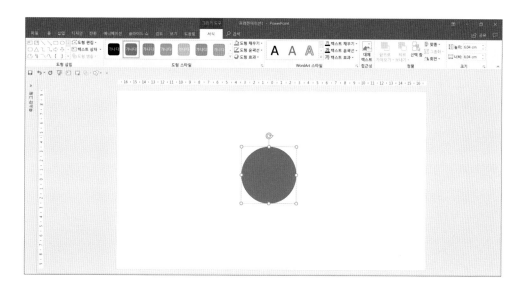

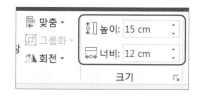

그런 다음 도형을 선택하고 상단 메뉴 중 '그리기 도구〉서식(MS365는 도형 서식)'에서 '크기' 설정을 좌측 그림처럼 '높이 15cm, 너비 12cm'로 입력해주세요. 그러면 도장 형태의 세로로 긴 타원이 만들어질 거에요.

도형을 선택하고 마우스 오른쪽 버튼을 누른 다음 '도형 서식'에서 '채우기는 없음, 선은 실선, 너비는 20pt'를 지정해주세요. 색은 빨간 계열을 사용하되, 그냥 빨간색이 아닌 '진한 빨강'을 선택해주세요. 그냥 빨간색을 쓰면 이미지화했을 때 퀄리티가 다소 떨어지기 때문이에요.

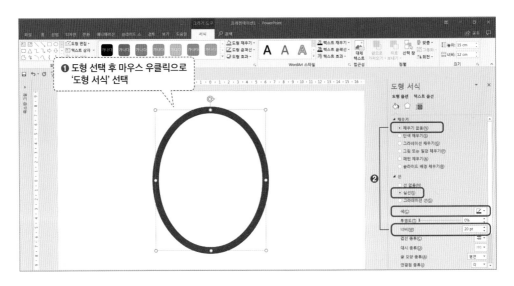

도형을 선택하고 마우스 오른쪽 버튼을 누른 다음 '텍스트 편집'을 클릭해서 도형에 여러분의 '이름'을 입력해주세요. 이때 폰트는 반듯하고 가독성 좋은 '청소년서체'를 추천합니다. 폰트 색상은 도형 테두리와 같은 '진한 빨강'을 선택하고, 크기는 '105pt(또는 적절한 크기)'로 바꿔주세요. 자, 이제 도장의 모양이 완성되었습니다.

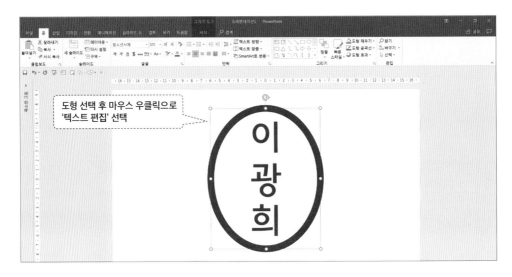

위의 상태 그대로 써도 되지만, 도장밥을 묻힌, 뭔가 레트로하면서도 자연스러운 디자인으로 고도화해볼까요!? 텍스트를 입력한 다음 다시 도형을 선택하고 마우스 오른쪽 버튼을 클릭해서 '잘라내기'를 선택해주세요.

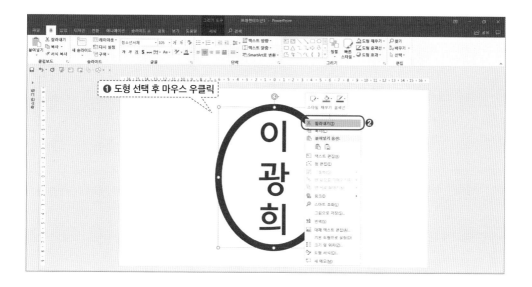

그런 다음 슬라이드 빈 공간에 마우스 오른쪽 버튼을 눌러서 '붙여넣기 옵션' 창이 나오면 '그림'을 선택해주세요. 이 작업은 '도형'이었던 개체를 잘라내기했다가 '사진'으로 붙여넣기함으로써 '도형을 사진으로 변경'해준 것입니다. 즉, 이제부터 이 도장모양은 '사진 개체'이기 때문에 사진 효과를 적용할 수 있는 상태가 되었습니다.

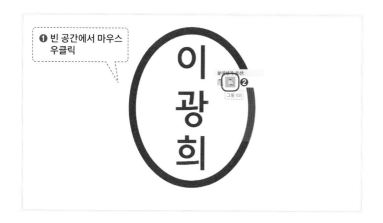

사진 개체가 된 도장모양을 선택하고 '서식>꾸밈 효과'를 클릭하면 포토샵 프로그램의 필터 기능처럼 다양한 이미지 필터 효과를 적용할 수 있습니다.

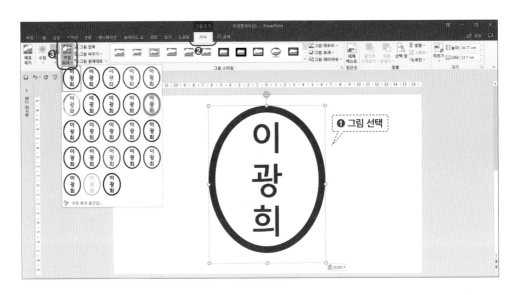

그 중에서 아래 그림처럼 첫줄의 우측 끝에 있는 '선그리기 효과'를 적용해주세요

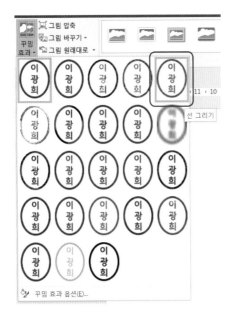

아래 그림처럼 도장밥을 묻혀서 도장을 찍은 듯이 이미지가 조금 긁혀 있는 효과가 만들어졌습니다.

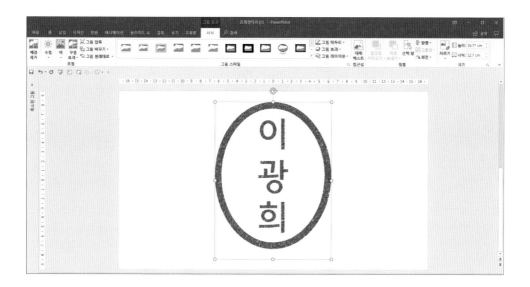

이번에는 더욱 자연스러운 효과를 연출하기 위해 '선그리기 효과'를 좀 더 극대화해보겠습니다. 사진을 선택하고 마우스 오른쪽 버튼을 클릭해서 '그림 서식'을 선택한 다음 '꾸밈 효과'에서 '투명도는 10%, 연필 크기는 30'으로 조절해보세요. 이제 저장만 하면 끝이네요!

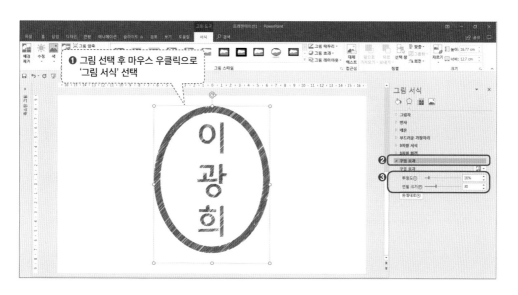

아래 그림처럼 도장 이미지를 선택하고 마우스 오른쪽 버튼을 누른 다음 '그림으로 저장'을
클릭합니다.

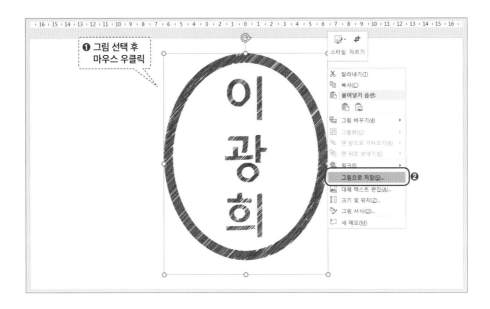

이때 반드시 아래 그림처럼 'PNG' 형식으로 저장해야 합니다.

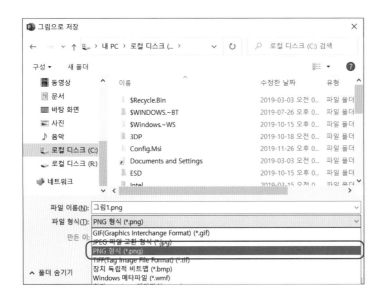

오직 PNG 형식만이 배경이 투명한 이미지로 저장되어서, 아래 좌측 그림처럼 서류의 '(인)'이라 는 곳 위에 이미지를 배치했을 때 뒷배경이 지워지지 않고 비치도록 표현할 수 있습니다.

<PNG 파일로 저장한 경우>

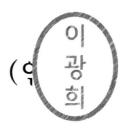

<JPG 파일로 저장한 경우>

2. 나만의 디지털 사인 이미지 만들기 [2016] [2019] [MS365]

파워포인트로 도장을 만들었다면 사인도 만들 수 있겠지요? 간단한 문서에는 친밀감이 높은 사인을 만들어서 활용해보세요. 파워포인트 2016 이상 버전을 사용하고 있다면 1분이면 만들 수 있어요. 바로 '그리기'라는 기능을 활용하면 됩니다!

어랏, 파워포인트 2016 이상 버전을 사용하고 있는데 상단에 '그리기' 메뉴가 보이지 않는다고요? 그럼 아래 그림에서 밝게 표현된 리본메뉴 영역 아무 곳에서나 마우스 오른쪽 버튼을 클릭해주세요.

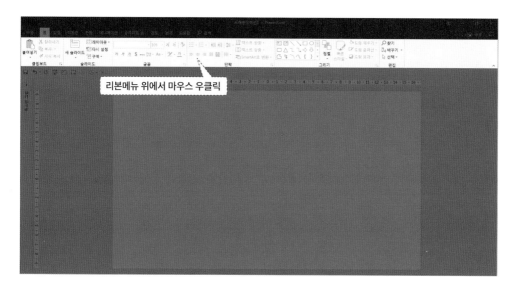

리본메뉴 위에서 마우스 우클릭

아래 그림과 같은 창이 뜨면 '리본 메뉴 사용자 지정'을 클릭해주세요.

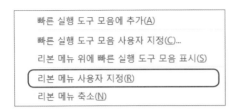

그러면 아래 그림처럼 오른쪽의 '리본 메뉴 사용자 지정' 영역에서 '그리기'에 체크가 해지되어 있을 텐데요, 이 부분을 체크로 표시하고 '확인'을 눌러서 기능을 활성화해주세요.

자, 평소에 볼 수 없었던 그리기 메뉴가 활성화되었네요. 웬지 펜 형태를 선택해서 슥슥 그어주면 될 것 같은 기분입니다.

아래 그림처럼 먼저 검정펜을 클릭한 다음 펜 아이콘 우측 하단의 아랫쪽 화살표 모양의
'꺾쇠(∨)'를 클릭해서 '두께'를 가장 굵게 바꿔줍니다.

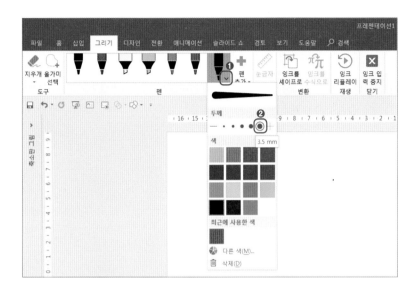

위와 같이 설정한 상태에서 마우스로 사인을 만들어주세요. 터치형 모니터라면 손으로 그
려도 되겠지요. 한 획씩 그리다가 마음에 안 들면 실행취소(Ctrl+Z)를 해가면서 나만의 사
인을 완성해보세요.

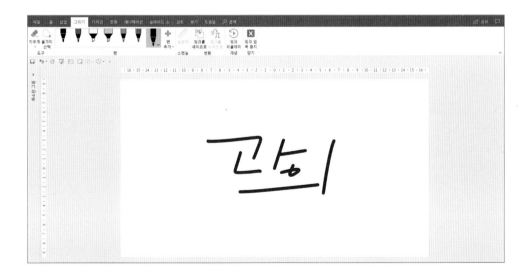

사인을 완성했다면 'Esc' 키를 눌러 그리기 모드를 취소해서 마우스 드래그로 편집영역을 선택할 수 있는 일반 모드로 바꿔주세요. 그런 다음 사인 영역을 드래그해서 선택하고 마우스 오른쪽 버튼을 누른 다음 '그림으로 저장'을 클릭합니다. 이때 도장을 만들었을 때와 마찬가지로 파일 형식을 'PNG'로 지정해서 저장하면 나만의 디지털 사인 이미지를 만들 수 있습니다.

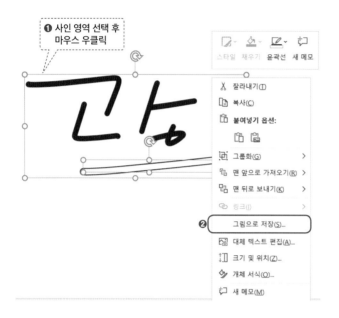

여기에 도장을 만들었을 때처럼 꾸밈효과를 조금 적용해주면 아래 그림처럼 더욱 자연스러운 사인 이미지를 만들 수 있습니다.

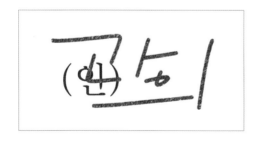

05 SNS 콘텐츠 제작

인터넷이 느리고 스마트폰이 보급되지 않았던 시대에는 사람들이 책이나 신문, 잡지 등 텍스트가 많은 자료를 읽을 시간과 인내심이 있었습니다. 하지만 인터넷 속도가 빨라지고 동영상 정보가 넘쳐나는 오늘날에는 사람들이 단순히 텍스트만 나열된 정보는 지루해 하고 보기도 싫어 하게 되었지요. 그리고 점점 더 시각적인 자료를 찾게 되었습니다.

SNS 콘텐츠 역시 텍스트 자료 위주에서 시각적인 자료 위주로 발전했습니다. 즉, 과거 풍성한 사진에 텍스트를 배치하는 트렌드에서 지금의 동영상 전성시대로 넘어온 것이지요. 이러한 오늘날의 SNS 콘텐츠에서 동영상만큼이나 흔히 볼 수 있는 자료가 바로 '카드뉴스'입니다. 사진과 텍스트를 함께 배치해서 한 장씩 넘겨보게 만든 형태의 시각적 자료를 말하지요.

이 카드뉴스를 만드는 데는 '파워포인트'가 딱 제격입니다. 만들기 쉽고 퀄리티도 좋거든요. 지금부터 카드뉴스를 만들어보고, 이를 응용해서 '유튜브 썸네일'까지 제작해볼까요?

1. 카드뉴스 제작

아래 그림 같은 카드뉴스를 많이 보았겠지요? '카드뉴스'라는 용어가 생소할 뿐, 스마트폰으로 정보를 찾다보면 누구나 한 번쯤 카드뉴스 형태의 자료를 본 경험이 있을 겁니다. SNS에서 딱 먹히는 카드뉴스, 파워포인트로 어떻게 만들 수 있을까요?

〈사진 출처 : 좌측부터 텐덤, 여성기업일자리허브, 대한민국 정부 페이스북 페이지〉

우선 아래와 같이 주제를 정하고 내용 기획부터 해보세요. 카드뉴스는 SNS에서 빠르게 읽혀야 하므로 한 장당 2~3줄 이내의 큼직한 글자로 배치하고, 최대한 간결한 내용으로 기획해야 합니다. 기획이 다 되었다면 제작해볼까요?

① 당신만 몰랐던, 귤의 비밀
② 얇고, 단단하고, 무거운 것이 과즙이 많다
③ 상온이나 냉장고에서 겹치지 않게 보관해야 덜 상한다
④ 비타민 C가 많아 감기 예방에 좋다

〈자료 참고 : https://terms.naver.com/entry.nhn?docId=1993233&cid=48180&categoryId=48249?〉

카드뉴스는 주로 SNS 콘텐츠로 활용되는 만큼 PC보다는 스마트폰으로 보는 경우가 많기 때문에 모든 디바이스 환경에서 잘 보이는 '정사각형 형태'로 만드는 게 가장 좋습니다. 이를 위해 아래 그림처럼 '디자인>슬라이드 크기>사용자 지정 슬라이드 크기(파워포인트 2010 이하 버전에서는 '디자인>페이지 설정')'를 클릭해주세요.

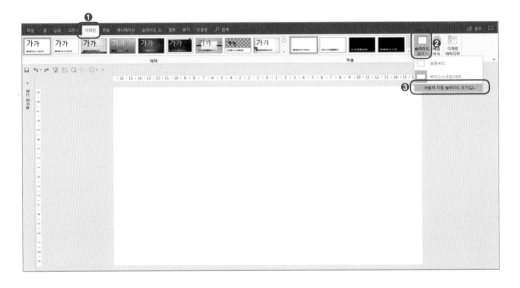

아래 그림처럼 너비와 높이를 '25cm'로 설정합니다. 웹에서 깨지지 않는 고해상도 이미지의 기준이 크기 '1,000픽셀 이상'인데, 25cm는 1000픽셀 이상의 사이즈라 고해상도의 카드뉴스 제작이 가능합니다.

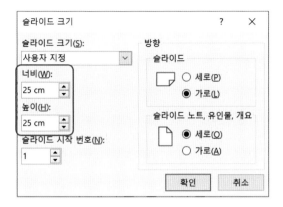

그러면 아래 그림처럼 기존 콘텐츠가 있을 경우 해당 콘텐츠를 변경된 슬라이드 크기에 맞출지, 슬라이드 내부 영역에 맞출지를 선택하는 메뉴가 나오는데, 지금은 빈 슬라이드를 기준으로 작업하고 있으므로 아무거나 선택해도 상관없습니다. 참고로 해당 메뉴는 파워포인트 2013부터 기본 화면비율이 16:9로 변경되면서 등장한 메뉴로, 2013 이전 버전에는 나오지 않습니다.

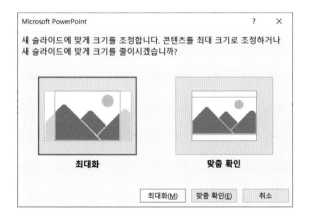

아래 그림처럼 슬라이드가 정사각형 형태로 바뀌었습니다. 이제 본격적으로 카드뉴스를 제
작해볼까요?

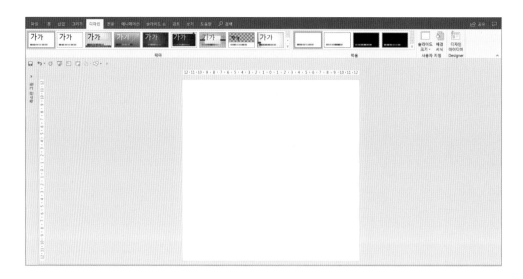

'삽입>그림'을 클릭해서 표지용 사진을 삽입해줍니다.

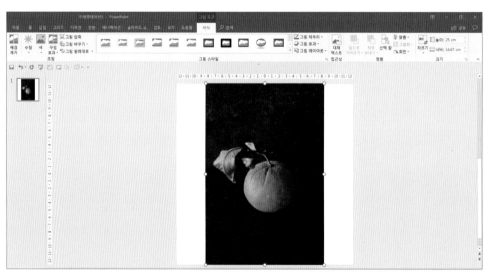

〈사진 출처 : https://unsplash.com/photos/_Yz_vyvV72A〉

사진을 선택하고 '서식>자르기>가로 세로 비율'에서 화면비율을 1:1로 설정하고 Esc 키를
눌러서 편집을 종료합니다.

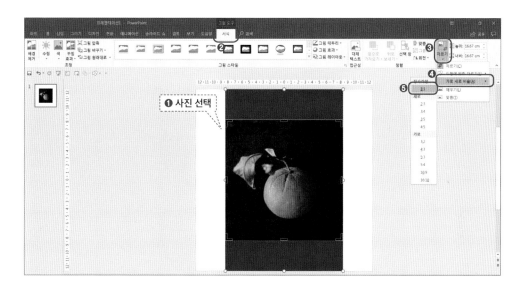

1:1 비율로 잘린 사진 모서리의 크기 조절점을 선택하고 'Ctrl+Shift+드래그'해서 전체 화면
에 꽉 채워주세요.

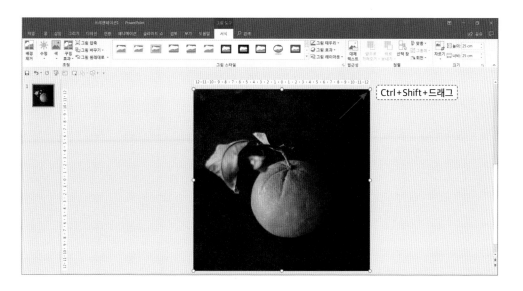

'삽입>텍스트 상자'를 클릭해서 텍스트 상자를 만들고 표지 제목을 입력해주세요. 폰트는 '양진체, 크기는 96pt, 가운데 정렬'을 적용하면 더욱 멋지게 표현됩니다.

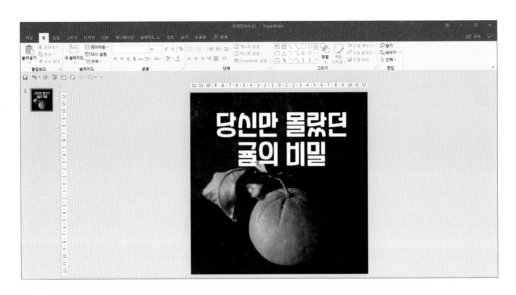

그런데 위의 그림에서는 제목 텍스트가 귤 이미지를 가려서 보기가 편하지 않으니, 귤 이미지의 위치를 조금 내려보겠습니다. 사진을 선택하고 '자르기'를 클릭한 뒤 사진을 아래 쪽으로 드래그해서 귤 이미지의 위치를 조절해주세요.

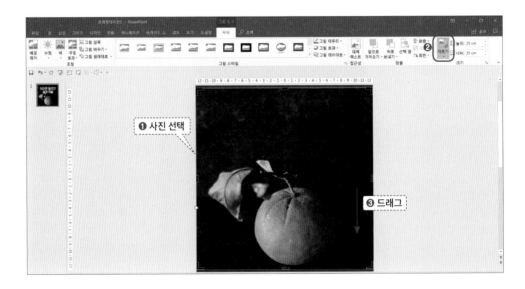

이번에는 '귤'이라는 단어에 귤 이미지와 비슷한 '주황색'을 적용해볼까요? 자, 더욱 자연스럽고 멋진 표지가 완성되었습니다. 이제 콘텐츠를 제작해볼까요?

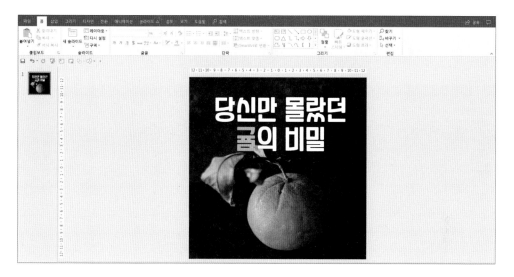

표지와 같은 방법으로 사진을 삽입하고 전체 화면에 꽉 맞게 크기를 조절해주세요. 이때 텍스트를 사진 위에 배치하면 가독성이 떨어지므로 투명한 도형 기능을 활용해보세요. '삽입>도형'에서 직사각형을 선택해서 아래 그림처럼 배치한 다음, 도형을 선택하고 마우스 오른쪽 버튼을 누르고 '도형 서식'에서 '채우기'는 '색은 검정색, 투명도는 30%'를 '선'은 '선 없음'을 적용해주세요.

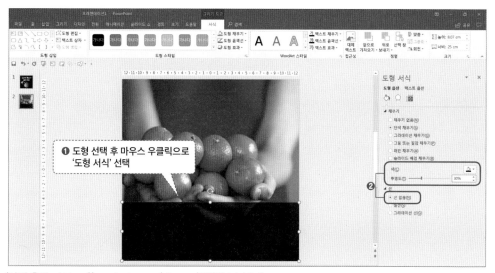

〈사진 출처 : https://unsplash.com/photos/ZQI6N_jaM_I〉

아래 그림처럼 도형을 선택하고 마우스 오른쪽 버튼을 누른 다음 '텍스트 편집'을 클릭해서 텍스트를 입력해주세요. 이때 주요 내용에는 나눔스퀘어ExtraBold 서체를, 나머지 내용에는 나눔스퀘어Light 서체를 적용하는 식으로 '패밀리서체'를 활용하면 텍스트의 가독성과 중요도를 강조하는 데 더욱 좋습니다. 여기에 포인트가 되는 내용에 사진의 주요 색상과 비슷한 '주황색'을 적용해주면 더욱 정보전달력이 좋아지겠지요!

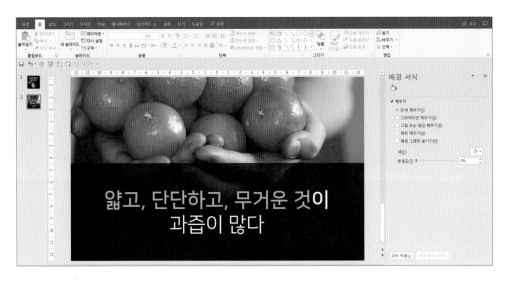

이번에는 사진에서 귤 이미지를 더욱 극대화해서 보여주기 위해 귤 이미지의 위치와 크기를 변경해볼까요? 사진을 선택하고 '서식>자르기'에서 '자르기'를 클릭(자르기의 경우 '서식>자르기'를 바로 클릭해도 됨)해서 위치와 크기를 변경해주세요.

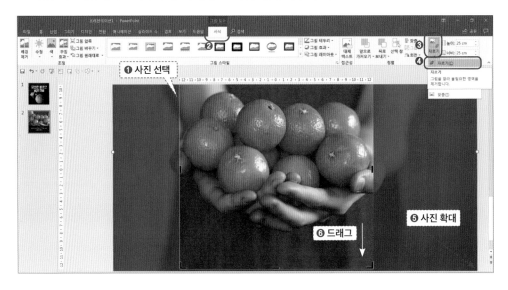

아래 그림처럼 이미지와 텍스트가 한 눈에 확 들어오는 멋진 콘텐츠가 완성되었습니다!

아래 그림처럼 나머지 콘텐츠들도 위와 동일한 방법으로 완성해주세요. 카드뉴스 만들기 정말 쉽지요? 이제 SNS에 공유할 수 있도록 '이미지로 저장'하는 과정만 남았네요.

〈사진출처 : https://unsplash.com/photos/uiPaZkzjv64, https://unsplash.com/photos/46Sg95vwWdM〉

'파일'에서 '다른이름으로 저장'을 클릭하거나 단축 키인 'F12'를 누르면 아래 그림처럼 '다른 이름으로 저장' 창이 열립니다. 이때 파일 형식은 그림 파일 중 가장 고퀄리티로 저장되는 'PNG' 형식을 선택해주세요. 그리고 '저장하기'를 클릭합니다.

그러면 아래 그림과 같은 창이 뜰 텐데요, '모든 슬라이드'는 현재 작업 중인 파일과 같은 이름의 폴더를 생성해서 전체 슬라이드를 PNG 형식으로 저장해주는 기능이고, '현재 슬라이드'는 현재 편집 중인 1장의 슬라이드만 저장해주는 기능이에요. 따라서 작업한 모든 콘텐츠를 저장하려면 반드시 '모든 슬라이드'를 클릭해주세요.

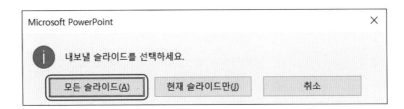

저장된 폴더를 찾아가보면 아래 그림처럼 각 콘텐츠들이 그림파일로 저장되었음을 알 수 있습니다. 간단하고 쉽고 재밌고 너무 좋지 않나요?

슬라이드1.PNG

슬라이드2.PNG

슬라이드3.PNG

슬라이드4.PNG

자, 이제 멋지게 만든 자료를 카카오톡으로 친구에게 전송해보거나 SNS에 올려보세요. 친구들이 깜짝 놀랄 거에요. 회사에서 사내 게시판 공지자료 등을 이런 식으로 카드뉴스화해서 업로드해보면 SNS 시대에 인정받는 인재가 될 거에요!

2. 유튜브 썸네일 제작

지금 우리는 빠르게 정보를 확인하거나 풍성한 콘텐츠를 보기 위해 동영상 콘텐츠를 즐기는 시대에 살고 있습니다. 여러분도 유튜브를 많이 보겠지요? 우리가 유튜브에서 원하는 키워드로 검색했을 때 가장 먼저 맞아 주는 것이 바로 아래 그림과 같은 '썸네일'인데요, 이 썸네일은 영상을 클릭하게 유도하는 역할을 하는 아주 중요한 콘텐츠입니다.

다음 사례들처럼 유명 유튜브의 썸네일을 살펴보면 썸네일 제작에 꼭 필요한 요소들을 확인할 수 있습니다. 작은 이미지로 빠르게 정보를 인지시켜야 하므로 카드뉴스처럼 사진을 전체 화면으로 배치하고, 그 위에 아주 굵고 큼직한 텍스트와 과장된 표정의 사람 얼굴이 배치되어 있습니다. 이 요소들을 잘 생각해서 파워포인트로 유튜브 썸네일을 제작해보아요.

〈출처 : 유튜브 – 백종원 요리비책, 워크맨, 스브스뉴스〉

우선 유튜브 썸네일에 딱 맞는 사이즈로 슬라이드 크기를 변경해야겠지요? 파워포인트 2013 이상 버전이라면 기본 슬라이드 크기를 그대로 사용해도 됩니다. 해당 버전의 슬라이드 크기가 유튜브 썸네일 비율인 16:9로 설정되어 있거든요. 다만 파워포인트 2010 이하 버전이라면 아래 그림처럼 '디자인>페이지 설정'에서 '너비는 32cm, 높이는 18cm'로 설정해주세요. 이는 16:9 비율의 2배수가 되는 크기입니다.

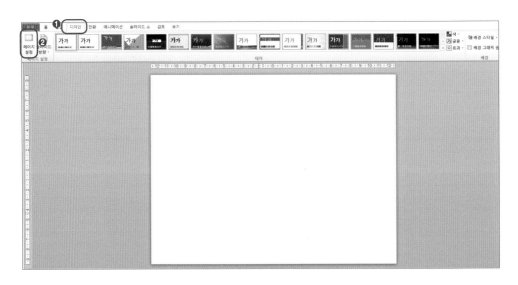

슬라이드 크기를 조절했으면 아래 그림처럼 썸네일에 사용할 사진을 삽입해줍니다.

〈사진 출처 : https://unsplash.com/photos/O14abKtZ5iY〉

사진을 선택하고 '서식>자르기>가로 세로 비율'에서 현재 슬라이드의 비율인 16:9로 자른
다음, 잘린 사진 모서리의 크기 조절점을 선택하고 'Ctrl+Shift+드래그'해서 전체 화면에 꽉
채워주세요.

이번에는 사진을 선택하고 '자르기>자르기' 기능으로 사람이 없는 아랫쪽 이미지만 보이도록 드래그해줍니다. 이때 Shift 키를 누른 상태에서 마우스를 드래그하면 수직이동이 되어서 편집하기 편합니다.

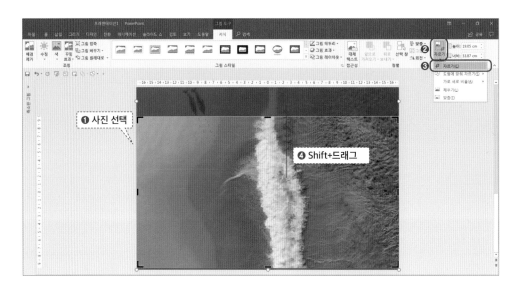

그런 다음 위의 사진에 합성할 놀란 표정의 인물 사진을 준비해서 파워포인트 슬라이드에 삽입해주세요.

〈사진 출처 : http://unsplash.com/photos/25QCezs8-oo〉

그런데 이대로는 인물 이미지 뒤의 배경 때문에 바다 이미지가 가려서 정보전달력이 떨어지겠네요. 파워포인트에 배경 제거 기능이 있기는 하지만 이미지와 배경의 경계색이 모호해서 배경이 깔끔하게 제거될 것 같지도 않고요. 이럴 때는 Part 1에서 소개한 http://remove.bg 사이트를 활용해보세요.

사이트에 접속해서 사진을 업로드했더니 아래 그림처럼 바로 배경이 제거된 이미지를 만들어주네요(자세한 활용방법은 110쪽 참조). 사용해보면 진짜 깜짝 놀랄 거에요. 회원가입을 할 필요도 없고 진짜 빠르고 깔끔하게 배경을 제거해주거든요. 이제 Download 버튼을 클릭해서 배경이 제거된 사진을 다운로드받아 파워포인트에 삽입해주세요.

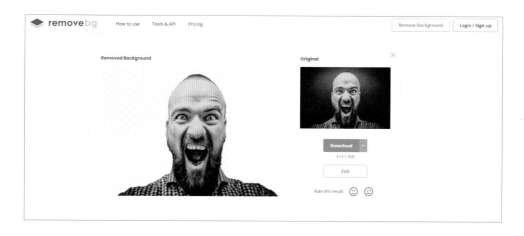

아래 그림처럼 배경을 제거한 인물사진을 왼쪽에 배치한 뒤 크기를 적당히 바꿔주세요.

자, 이제 텍스트를 입력할 차례예요. 아래 그림처럼 '삽입>텍스트 상자'를 선택해서 텍스트를 입력해주세요. 여기서는 폰트는 양진체, 크기는 66pt를 적용했어요. 그런데 사진 위에 바로 텍스트를 썼더니 가독성이 떨어지네요. 도형을 활용하는 방법은 카드뉴스를 만들 때 써 봤으니 여기서는 또 다른 팁을 소개할게요!

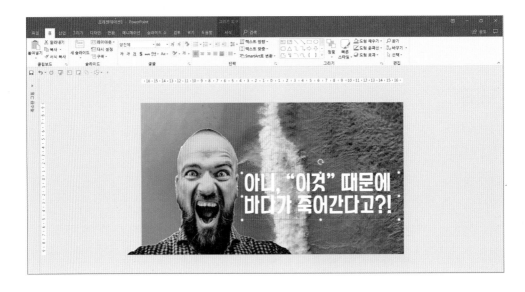

삽입된 텍스트 상자를 'Ctrl+Shift+드래그'로 수직이동 복사해줍니다. 왜냐고요? 계속 따라 해보면 알게 될 거에요!

아랫쪽 텍스트 상자 안의 글자영역을 드래그해서 선택하고 마우스 오른쪽 버튼을 눌러서 '텍스트 효과 서식'을 클릭해주세요.

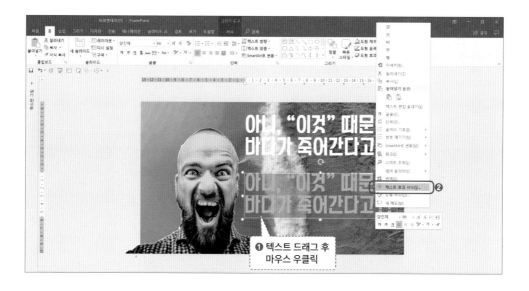

'텍스트 채우기 및 윤곽선>텍스트 윤곽선'에서 '색은 검정, 너비는 7pt'로 설정해봅니다(파워포인트 2010 버전은 '텍스트 효과 서식>텍스트 윤곽선'으로 설정). 그동안은 파워포인트에서 잘 안 썼거나 선을 얇게 해서 사용했던 기능일 거에요. 포토샵의 경우 텍스트 외부 영역만 두껍게 할 수 있는 기능이 있는 데 비해, 파워포인트에서는 아래 그림처럼 내·외부 영역이 모두 두꺼워져서 오히려 텍스트의 가독성을 떨어뜨리는 역효과가 생겨서 그랬을 거에요. 하지만 우리는 이 기능을 활용해서 포토샵 같은 효과를 내볼 거랍니다.

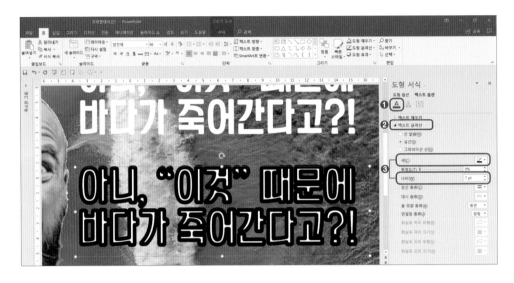

아래 그림처럼 윤곽선 두께를 30pt로 설정해주니까 글자가 흔적만 남고 아예 보이지도 않게 되었네요. 이제 거의 다 되었습니다.

자, 아래 그림처럼 미리 복사해두었던 텍스트 상자를 윤곽선을 적용한 텍스트 상자 위에 겹치게 배치해보세요. 짜잔! 포토샵에서만 보던 텍스트 효과가 설정되었습니다. 작지만 알찬 팁이지요?

이제 포인트가 되는 내용을 주황색으로 강조하는 것으로 텍스트 부분은 마무리하겠습니다. 이제 가독성을 더 높여볼 차례입니다. 배경 이미지가 너무 선명해서 사람과 텍스트에 가야 할 시선을 뺏고 있네요. 그렇다면 배경 이미지의 초점을 흐리게 만들어봅시다.

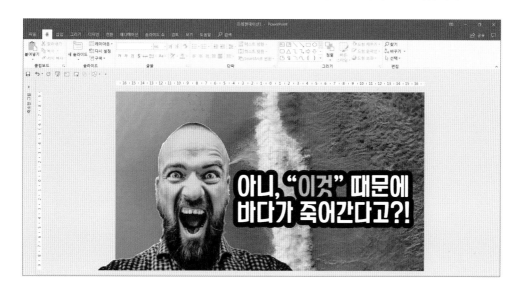

아래 그림처럼 배경 사진을 선택하고 '그림 서식>꾸밈 효과'에서 '흐리게'를 선택하니까 이미지가 흐려져서 사람과 텍스트에 더욱 시선이 집중되었지요?

흐리기 정도를 조절하고 싶다면 아래 그림처럼 사진을 선택하고 마우스 오른쪽 버튼을 누른 다음 '그림 서식>꾸밈 효과'에서 '반경'의 수치를 조절해주세요. 이런 세심한 작업이 자료를 고퀄리티로 바꿔줍니다.

이렇게 마무리해도 좋지만, 유튜브 썸네일을 보면 아래 그림처럼 특정 색으로 테두리를 둘러준 경우가 많습니다. 우리도 테두리를 넣어볼까요?

<빨간색 테두리가 있는 유튜브(워크맨) 썸네일>

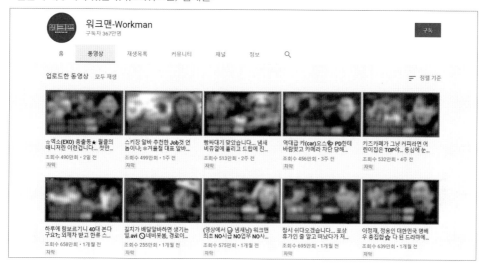

아래 그림처럼 '삽입>도형'에서 '직사각형'을 선택해서 슬라이드 크기에 맞춰 도형을 삽입해 주세요.

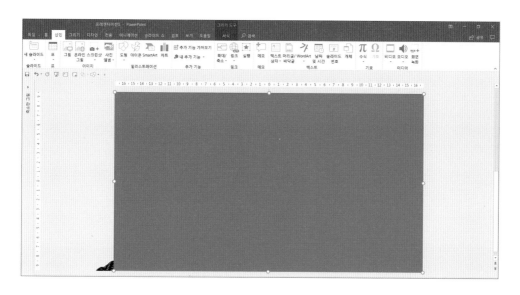

삽입한 도형을 선택하고 마우스 오른쪽 버튼을 누른 뒤 '도형 서식'에서 '채우기는 채우기 없음', '선은 실선, 색은 주황색, 너비는 30pt'를 설정해주세요.

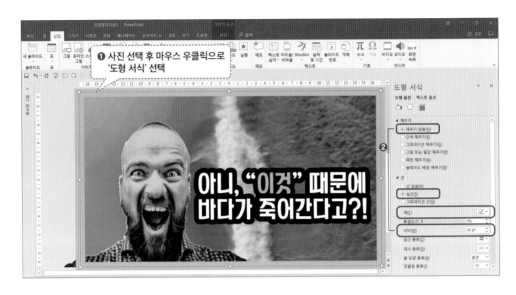

이제 저장만 하면 되네요. '파일>다른 이름으로 저장하기' 또는 'F12' 키를 누른 다음 원하는 경로에 PNG 형식의 파일로 저장해주세요.

자, 이제 아래 그림처럼 저장된 이미지를 여러분의 유튜브 채널에 업로드해서 활용하면 됩니다. 카드뉴스처럼 쉽고 재밌게 만들 수 있었네요. 파워포인트 최고에요, 최고!

Chapter

06

벡터소스 활용으로 자료 시각화

오늘도 매일 하던대로 보고서를 작성해서 팀장님께 보고했습니다. 그런데 또 이런 말씀을 하시네요.

"요즘 젊은 친구들은 시각화 보고서를 잘 쓴다는데, 좀 다르게 만들어볼 수 없어?"

갑작스러운 지시에 일단 "네, 알겠습니다. 해보겠습니다" 하고 자리로 돌아오긴 했는데, 모니터 앞에서 아무것도 못하고 어떻게 할지 고민만 하게 되네요. 이번에는 진짜 멋지게 만들어서 팀장님께 칭찬을 받고는 싶은데….

이런 고민을 가진 직장인들을 위해서 자료를 시각화하는 방법을 알아볼게요. 시각화를 통해 '직장인의 69%, 불필요한 회의가 많다(잡코리아 설문조사 결과)'라는 설문조사 결과를 강조하는 자료를 만들어보겠습니다. 벡터소스를 활용해서 인포그래픽을 작성해볼 텐데, 이를 위해 아래 그림과 같이 무료 픽토그램 사이트인 flaticon.com에 접속해서 벡터소스형 자료부터 구해보기로 해요.

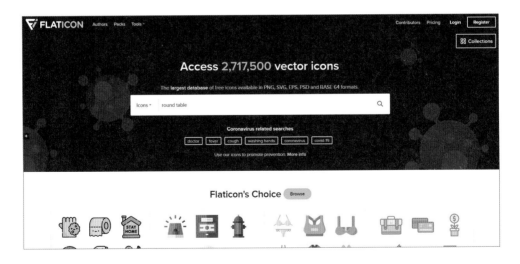

위와 같이 'round table'이라고 검색해서 찾은 아래 그림을 활용해볼 거예요. 이때 그림파일은 반드시 PNG가 아닌 'SVG' 파일을 다운로드해야 합니다(126쪽 및 136쪽 내용 참조). 아, flaticon.com은 외국 사이트이기 때문에 한글이 아닌 영어로 검색해야 한답니다.

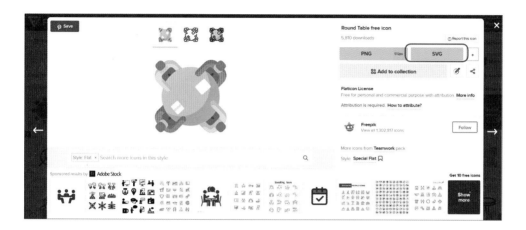

'삽입>그림'을 클릭해서 아래 그림처럼 다운로드한 자료를 삽입한 다음 적당한 크기로 바꿔주세요.

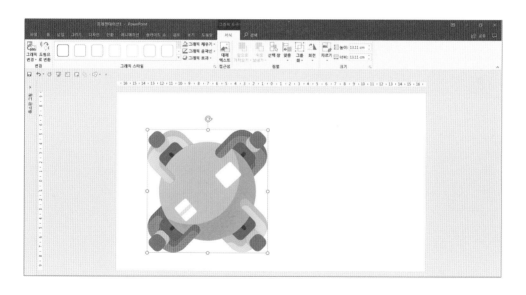

그림(벡터 이미지)을 선택하고 마우스 오른쪽 버튼을 누른 다음 '그룹화>그룹 해제'를 클릭
해주세요.

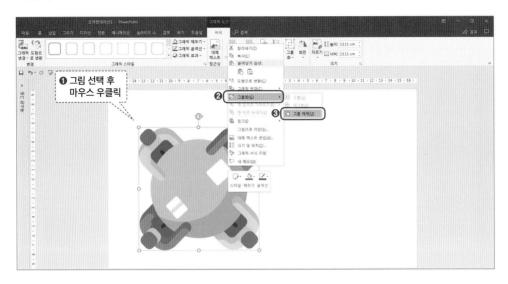

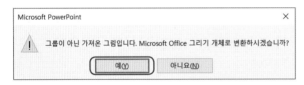

좌측 그림과 같은 창이 뜨면 '예'를
클릭합니다.

위와 같은 방법으로 그룹 해제를 '2번' 해주니, 우왕! 벡터 이미지의 소스들이 아래 그림처
럼 분해되었네요.

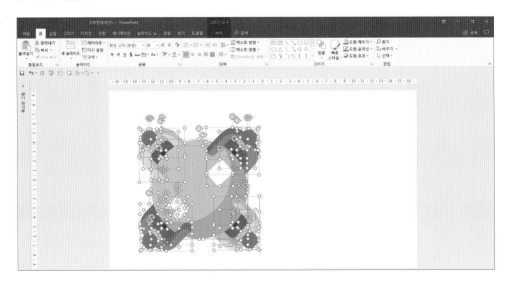

이제 오른쪽에 있는 사람들과 테이블 위의 불필요한 요소들을 선택해서 삭제해보겠습니다.
아래 그림처럼 선택한 다음,

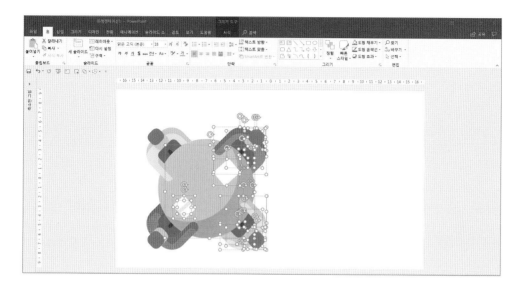

Delete 키를 누르면 이렇게 삭제됩니다.

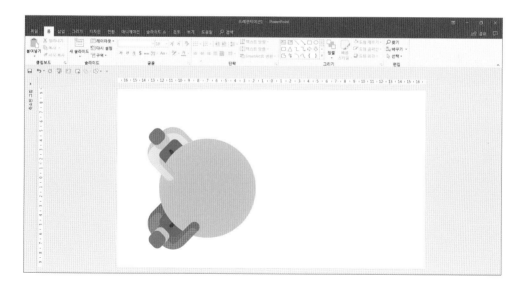

이번에는 '삽입>도형'에서 '부분 원형'을 선택해서 이미지를 지운 공간에 설문결과 중 '69%'라는 수치를 표현할 도형을 삽입해주세요.

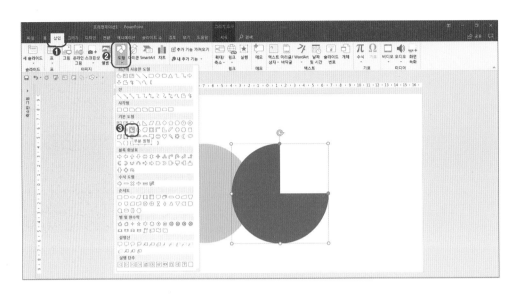

삽입한 도형의 크기를 테이블 크기에 맞춰 바꾼 다음 테이블 이미지 위에 배치해줍니다.

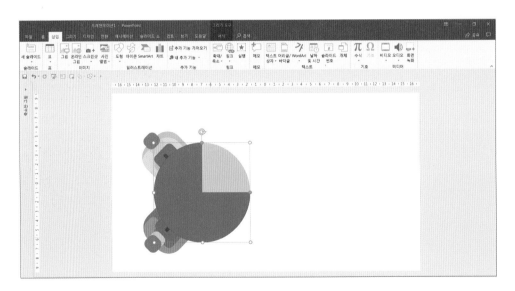

12시부터 시계방향으로 데이터를 표현하기 위해 도형을 선택하고 'Alt+←'를 6번 눌러서 90도 회전시켜주세요. 이처럼 인포그래픽은 우리가 평소 데이터를 읽는 방식으로 표현하는 것이 좋답니다.

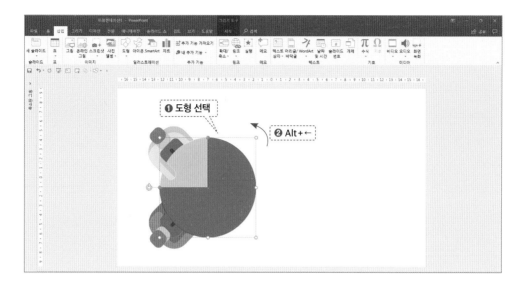

아래 그림처럼 노란 핸들 조절점을 드래그해서 69%라는 비율에 맞게 조절해주세요.

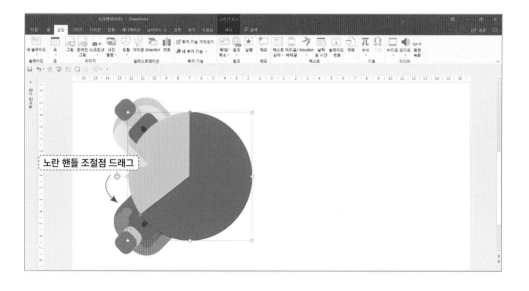

테이블과 부분 원형 도형의 색을 회색 계열로 바꿔주고, 선은 '없음'으로 설정합니다. 회의가 불필요하다는 느낌을 주기 위해 어두운 색 계열을 선택했습니다.

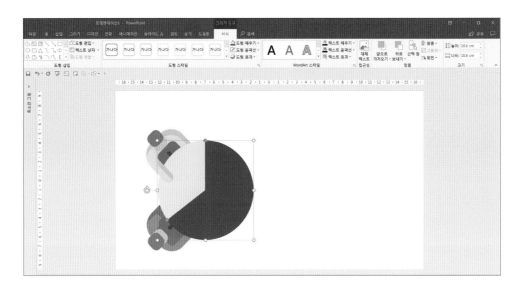

이번에는 왼쪽에 있는 사람들 이미지만 선택해서 마우스 오른쪽 버튼을 누른 다음 '맨 앞으로 가져오기'를 클릭하면, 다음 쪽 그림처럼 분홍색 사람의 팔이 다시 테이블 위로 올라와서 입체감을 되살릴 수 있습니다.

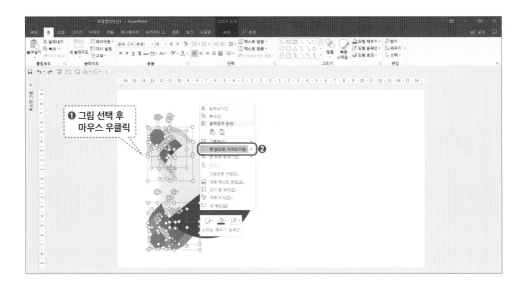

'삽입>텍스트 상자'를 선택해서 텍스트를 입력해주세요. 아래 그림처럼 숫자를 크게 배치하면 정보전달력을 높일 수 있습니다.

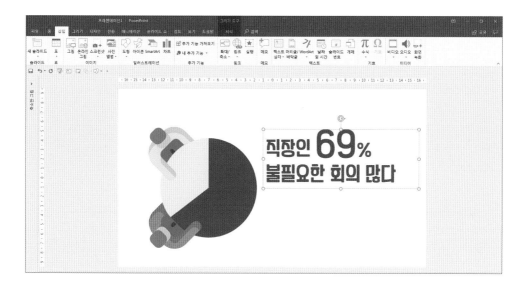

'삽입>도형'에서 '선'을 선택하고 'Shift+드래그'로 가로 직선을 하나 삽입해주세요

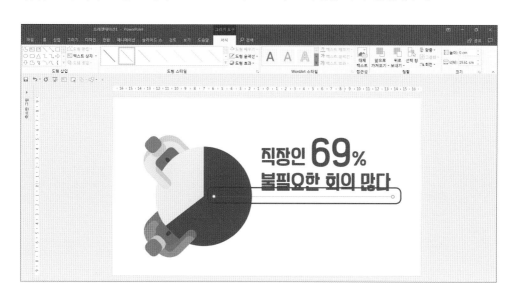

선을 선택하고 마우스 오른쪽 버튼을 눌러서 '도형 서식'을 선택한 다음 선을 '색은 검정, 너비 2pt'로 설정해줍니다.

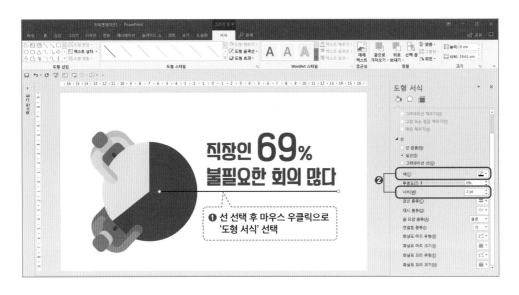

그런 다음 그 밑의 메뉴에서 화살표 머리·꼬리 유형은 '타원 화살표'로, 화살표 머리·꼬리 크기는 '화살표 크기 9'로 설정해서 마무리해줍니다.

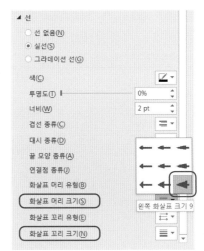

아래 그림처럼 더욱 멋지게 표현되도록 선의 배치를 마무리하면 완성입니다!

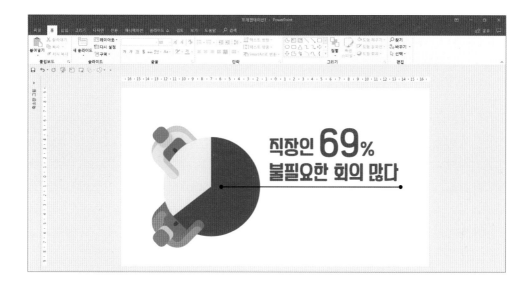

이제 완성된 자료를 팀장님께 보고만 하면 되겠네요! 팀장님의 놀랄 표정과 칭찬이 기대되요!! 얼른 보고하고 오겠습니다~!

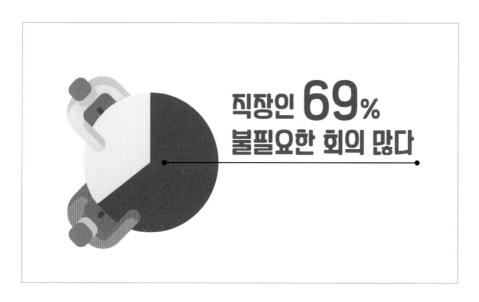

Chapter 07 화면 녹화 기능으로 영상 제작

지방에 있는 동기가 파워포인트 활용에 어려움을 많이 겪고 있는지 업무 중에 계속 이것 저것 물어보네요. 아니 근데, 그거 있잖아요. 말로는 도무지 설명이 안 되는 부분! 메신저 로 얘기하다가 답답해서 전화로 통화까지 했지만, 결국 동기를 이해시키지 못하니 답답하 기만 하네요. 바로 옆에서 보여주면 더 쉬울 텐데…. 아니면 영상으로라도 보여주면 더 쉬 울 텐데 너무 답답하네요. 자, 이럴 때는 파워포인트의 '화면 녹화' 기능을 사용해보세요! 내 컴퓨터의 특정 부분을 녹화해서 영상으로 저장할 수 있는 엄청난 기능이 파워포인트에 있다고요!

먼저 아래 그림처럼 '삽입>화면 녹화'를 클릭해주세요.

그러면 파워포인트 창이 최소화되면서 화면이 살짝 뿌옇게 변하고, 상단에 화면 녹화 관련 메뉴가 보일 기에요. 참고로 녹화할 화면을 비꾸고 싶다면 'Alt + Tab'으로 원하는 화면을 선택하면 됩니다.

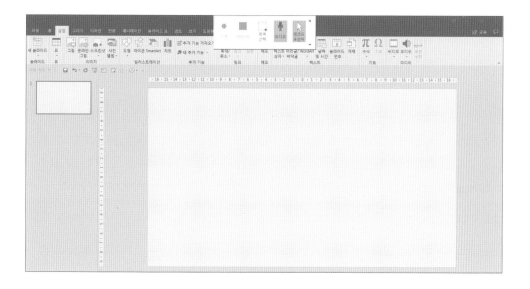

각 메뉴의 기능은 아래와 같아요.

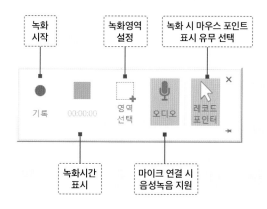

우선 아래 그림처럼 '영역 선택'을 해주세요. 화면 전체를 선택하면 내 PC 모니터 전체를 녹화할 수 있습니다. 특정 영역만 녹화하기를 원한다면 원하는 영역만큼 드래그해서 설정해주세요.

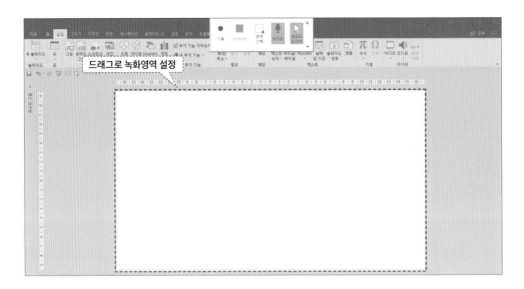

'영역 선택'이 완료되었다면 상단 메뉴에서 '기록'을 눌러주세요. 단축키인 '윈도우 키 +Shift+R'을 눌러도 됩니다. 음성 녹음까지 하려면 PC에 마이크를 연결해주세요. 노트북의 경우 일반적으로 내장 마이크가 있어서 바로 녹음이 가능합니다.

그러면 아래 그림과 같은 녹화 안내창이 나오고 3초 후에 녹화가 시작됩니다.

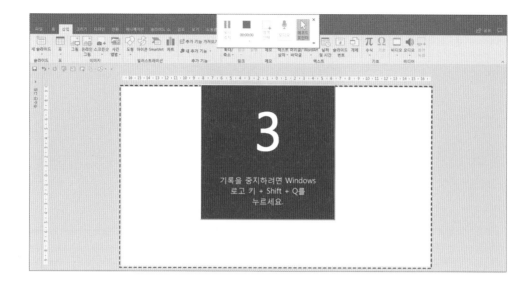

녹화를 마치고 '윈도우 키+Shift+Q'를 눌러주면 녹화가 종료되면서 아래 그림처럼 녹화한 동영상 파일이 파워포인트 슬라이드에 동영상 개체로 삽입됩니다.

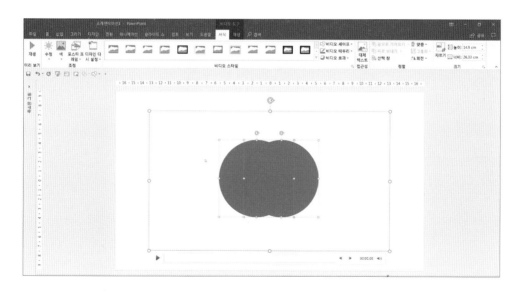

삽입된 동영상을 파일로 저장하려면 해당 동영상 개체를 선택하고 마우스 오른쪽 버튼을 누른 다음 '다른 이름으로 미디어 저장'을 클릭하세요.

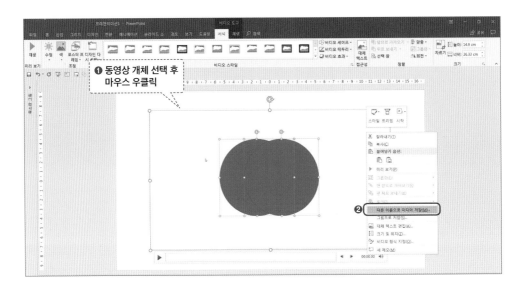

그런 다음 원하는 경로를 선택하고 파일 이름을 지정해주면 동영상 파일로 저장이 완료됩니다.

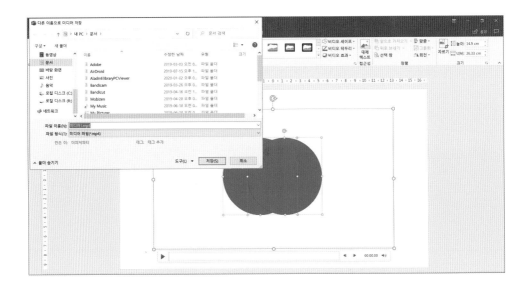

이제 아래 그림처럼 동영상으로 저장된 개체를 메신저를 통해 동기 녀석에게 전달해주면 되겠네요. 파워포인트의 세계는 정말 어디까지일까요? 파워포인트 하나만 잘 다루면 못 만들게 없어요. 배워두고 활용하길 참 잘한 것 같아요!

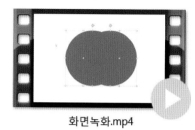

화면녹화.mp4

와아, 여기까지 왔다면 파워포인트의 주요 기능과 새로운 기능까지 모두 경험해본 거에요. 기존에 여러분이 알고 있던 파워포인트 세상과는 완전 다른 세상이지요? 여기서 파워포인트 학습을 멈추지 말고 지금부터 소개하는 추천 사이트를 참고해서 더 깊이 공부해보면 어떨까요? 좋은 콘텐츠를 많이 보고, 또 직접 따라 만들어가며 계속 파워포인트를 학습하다 보면 머지않아 전문가가 될 수 있을 거에요. 아래 사이트들은 필자도 자주 참고하는 사이트들이랍니다.

❶ 템플릿 디자인 관련 유료 사이트

아래 사이트들은 '유료'로 템플릿을 판매하고 있습니다. 여러분이 직접 구매해서 사용하라는 것이 아니라, 쭉 둘러보면서 전문 디자이너들은 어떻게 파워포인트 자료를 만드는지를 살펴보고, 좋은 자료가 있다면 직접 따라해보며 실력을 키워나가라는 취지에서 소개하는 것입니다.

- https://www.presentationload.com : 일부 무료 제공
- https://graphicriver.net/category/presentation-templates
- https://www.slideshare.net
- https://slideshop.com

❷ 무료 템플릿 다운 사이트

- https://templates.office.com
- https://www.smiletemplates.com : 검색결과 화면에서 'Free' 카테고리 선택
- https://ppttemplate.net
- http://www.presentationgo.com
- http://www.free-power-point-templates.com
- http://www.showeet.com/category/templates

③ 파워포인트 학습 관련 SNS

① 블로그

- 수현아빠 : http://powerpoint.pe.kr
- 까칠한 조땡 : https://blog.naver.com/seok830621
- 새별 블로그 : https://seiru523.blog.me
- 친절한 혜강씨 : http://leehyekang.com
- 윤피티연구소 : https://blog.naver.com/rimiy
- 인포그램 : https://blog.naver.com/infogram

② 유튜브

- EZ : https://www.youtube.com/channel/UC-6FxcmnbyVeZaYc025I_xQ
- 콘텐츠위드 : https://www.youtube.com/channel/UChLDB7HQToJ9EGlIIex555w
- 러비 : https://www.youtube.com/user/lsyholic726
- 피피티로지 : https://www.youtube.com/channel/UCowbfOj8HKvTeL6KGIt2waw
- The Power of PowerPoint : https://www.youtube.com/channel/UCmFv7WhzVF_jkdvY-28KVIg
- PowerPoint School : https://www.youtube.com/channel/UCngkX2grzKhYBx1stz08Z3Q
- Pravind Thakur : https://www.youtube.com/channel/UCmBU8xrrPXxSH6TaUld96Tw
- One Skill PowerPoint Tutorials : https://www.youtube.com/channel/UCaEPKLsvtAZBtGtG5Z KwVWg
- Microsoft Office 365 : https://www.youtube.com/channel/UCc3pNIRzIZ8ynI38GO6H01Q

④ 기타 사이트

- 비주얼다이브 : www.visualdive.com
- 인포그래픽 조선일보 : http://thestory.chosun.com/m/svc/list_infographics.html?catid=B
- https://www.presentationmagazine.com